DAS UNESCO WELTERBE

DEUTSCHLAND
ÖSTERREICH · SCHWEIZ · OBERITALIEN

Weltbild

CONCORDIA DOMI FORIS

HEICK & SCHMALTZ

AUTO-FÄHRE KAUB

DAS ERBE DER WELT

DEUTSCHLAND, SCHWEIZ, ÖSTERREICH, OBERITALIEN

Seite 1: Der Blick über Salzburg mit der Alpenkulisse.
Seite 2–3: Das Wahrzeichen der Hansestadt Lübeck, das Holstentor, wurde zwischen 1464 und 1478 errichtet.
Seite 4–5: Die Hangwälder im Nationalpark Jasmund.
Seite 6–7: Der Rokokosaal der Herzogin-Anna-Amalia-Bibliothek ist ein wunderschöner Bibliotheksraum.
Seite 8–9: Burg Katz thront über St. Goarshausen.
Seite 10–11: »Oktagon« wird das Musikzimmer im Schloss Hellbrunn in Salzburg genannt.
Seite 12–13: Burg Pfalzgrafenstein bei Kaub.

Diese Seite: Als einer der großen Barockbauten gilt die Würzburger Residenz von Balthasar Neumann. Davor steht der Frankonia-Brunnen mit den Figuren Walthers von der Vogelweide, Tilman Riemenschneiders und Matthias Grünewalds.

DEUTSCHLAND

INHALTSVERZEICHNIS

Einen reizvollen Kontrast bilden der Kölner Dom, ein Meisterwerk der Hochgotik und das Wahrzeichen der Stadt, und die Hohenzollernbrücke, ein Monument moderner Industriearchitektur aus dem 20. Jahrhundert.

DAS ERBE DER WELT

nach der Konvention der UNESCO

Die Welterbeliste der UNESCO verzeichnet einzigartige Kultur- und Naturgüter unserer Welt, die von außergewöhnlicher, universeller Bedeutung sind und deren Schutz daher in der Verantwortung der ganzen Menschheit liegt. Dieser Band beschreibt alle derzeit zum Welterbe erklärten Natur- und Kulturdenkmäler in Deutschland, Österreich, der Schweiz und Oberitalien. Kurzbiografien und Essays zu kulturhistorischen und naturgeografischen Themen ergänzen die Darstellung.

Das Wattenmeer ist eines der größten küstennahen, gezeitenabhängigen Feuchtgebiete der Erde, ein einzigartiges Ökosystem mit besonderer Artenvielfalt und eine der letzten ursprünglichen Naturlandschaften Mitteleuropas.

Jahr der Ernennung: 2009
Jahr der Erweiterung: 2011

Zwischen dem dänischen Blåvandshuk und dem niederländischen Den Helder erstreckt sich auf rund 450 Kilometer Länge und bis zu 40 Kilometer Breite das Nordseewatt. Der einmalige Lebensraum für Pflanzen, Tiere und Menschen wird vom Wechsel zwischen Ebbe und Flut bestimmt. Insgesamt gehören rund zwei Drittel der gesamten Landschaft zum Weltnaturerbe, in Deutschland sind es die Nationalparks Schleswig-Holsteinisches Wattenmeer und Niedersächsisches Wattenmeer. Sie werden von den Nordfriesischen und den Ostfriesischen Inseln markiert, die sich zwischen Sylt im Norden und Borkum im Westen erstrecken. Die Landschaft ist vielfältig: Neben den Inseln besteht sie aus Stränden, Sandbänken, Seegraswiesen und Schlickflächen. Typisch sind

trichterförmige Flussmündungen (Ästuare) und Wasserläufe, die auch bei Ebbe mit Wasser gefüllt sind (Priele). Diese vielfältige Landschaft ist die Heimat zahlreicher Pflanzen- und Tierarten, von denen der Gewöhnliche Schweinswal eine der auffälligsten ist. Unerlässlich ist das Wattenmeer als Brut- und Überwinterungsgebiet für jährlich bis zu zwölf Millionen Vögel.

25 Kilometer nordwestlich von Bremerhaven steht der 36 Meter hohe Leuchtturm Hohe Weg; bereits seit 1973 wird er ferngesteuert und -überwacht. Heute beherbergt er auch eine Radarstation (links). Der Leuchtturm Westerheversand ist ein bekanntes Wahrzeichen für das gesamte Wattenmeer (ganz unten).

Großes Bild: Der Blick auf Amrum im schleswig-holsteinischen Wattenmeer. Schleswig-Holstein war das erste Bundesland, das die Flächen des Wattenmeers unter Schutz stellte.

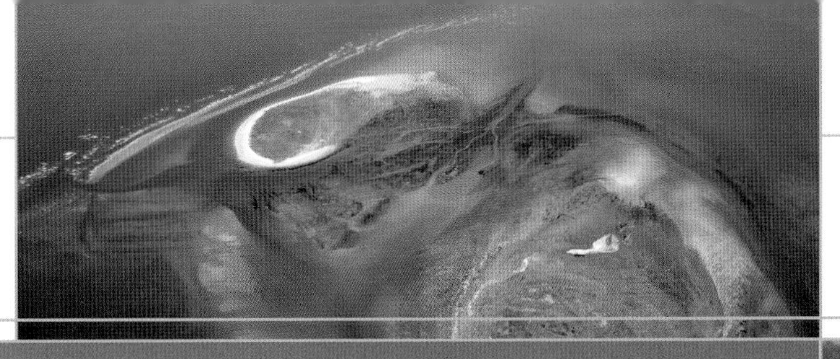

Links: Nigehörn (links im Bild) ist eine künstliche Insel im hamburgischen Wattenmeer, für die 1989 ca. 1,2 Mio. Kubikmeter Sand aufgeschüttet wurden, um den Landverlust der Nachbarinsel Scharhörn auszugleichen. Einige der Inseln sind in ihrer Ausdehnung gezeitenabhängig: wie etwa die ostfriesische Insel Juist im niedersächsischen Wattenmeer (unten).

HANSESTADT LÜBECK

Hanse, Marzipan, die Manns – das sind die Schlagworte, die man gemeinhin mit Lübeck verbindet. Die Hauptattraktion der einst mächtigen Hansestadt ist jedoch der mittelalterliche Stadtkern, der mit seiner stilbildenden Backsteingotik trotz der Zerstörungen des Zweiten Weltkriegs fast geschlossen erhalten geblieben ist.

Jahr der Ernennung: 1987

Als Handelsstadt wurde Lübeck 1143 von Graf Adolf II. von Holstein gegründet. Der 1226 verliehene Status einer freien Reichsstadt bedeutete für die Kaufmannschaft und die Handwerkergilden weitgehende wirtschaftliche Unabhängigkeit. Durch Handelsgeschick und Fleiß wurde die Stadt an der Trave im Hinterland der Ostseeküste bald zur »Königin der Hanse«, die bereits Ende des 13. Jahrhunderts eine führende Stellung innerhalb dieses mächtigen Städtebundes einnehmen sollte.

Aber auch in geistlicher Hinsicht war Lübeck als Zentrum des Bistums Oldenburg sehr bedeutend, und so begegnet man in der Altstadt den Zeugnissen kirchlicher und weltlicher Machtdemonstration gleichermaßen.

Der im 13. Jahrhundert errichtete, später gotisch umgebaute Dom zeugt vom Einfluss des Bischofs, die doppeltürmige Hauptkirche St. Marien von der Spendenfreudigkeit des Rates. Ein weiterer bedeutender Kirchenbau ist die Museumskirche St. Katharinen aus dem frühen 14. Jahrhundert mit Plastiken von Ernst Barlach und Gerhard Marcks sowie einem Gemälde von Tintoretto. Das Rathaus Lübecks, eines der größten des Mittelalters, und das 1280 gestiftete Heilig-Geist-Spital dagegen offenbaren den Reichtum der Kaufmannschaft ebenso wie zahlreiche stolze Bürger- und Gildenhäuser, so etwa das prächtige Haus der Schiffergesellschaft.
Von den fünf mächtigen Stadttoren ist lediglich das Holstentor erhalten geblieben, das bekannteste Wahrzeichen der Stadt. Erbaut wurde es von 1464 bis 1478 vom Lübecker Ratsbaumeister Hinrich Helmstede. Das wehrhafte Tor besitzt bis zu 3,50 Meter dicke Mauern und war mit 30 Geschützen ausgestattet, aus denen jedoch nie ein Schuss abgefeuert wurde.
An die in Lübeck geborenen Schriftsteller Heinrich und Thomas Mann erinnert das Buddenbrookhaus in der Mengstraße, in dem bis 1891 die Großeltern des Brüderpaars wohnten.

Restaurierte Segelschiffe und Kaufmannshäuser zeugen im Lübecker Museumshafen von der einstigen Bedeutung der Hansestadt (großes Bild). Imponierend sind die Fassaden von Heilig-Geist-Spital und Rathaus (kleine Bilder, von links).

Handelsmacht im Ostseeraum

Die bedeutendste mittelalterliche Handelsorganisation in Nordosteuropa war zweifelsohne die Hanse. Der Begriff stammt vom althochdeutschen Wort »hansa«, was so viel wie Gruppe, Schar oder Gefolge bedeutet. Es handelte sich dabei zunächst um eine Gemeinschaft deutscher Kaufleute, die ihre Geschäftsinteressen im Ostseeraum sichern wollten. Ausgangsort war die Hafen- und Handelsstadt Lübeck, wo vermutlich um 1150 die Kaufmanns- und um 1250 die Städtehanse entstand.

Zwischen 1350 und 1400 hatte die Hanse ihre größte geografische Ausdehnung. Ihr Machtbereich erstreckte sich von Flandern bis Reval, mit Niederlassungen und Kontoren in Brügge, Nowgorod, London, Bordeaux und Venedig. Rund 200 Städte gehörten ihr an, und es waren nicht nur Hafenmetropolen wie Bremen, Hamburg, Stralsund, Lübeck, Danzig oder Rostock, sondern auch mächtige Binnenstädte wie Köln, Duisburg, Münster, Krakau, Breslau oder Braunschweig sowie darüber hinaus nichtstädtische Mitglieder wie der Deutsche Orden. Die Hanse konnte ihre wirtschaftlichen Interessen

Das Motto der Lübecker Ratsherren am Holstentor: »Drinnen Eintracht, draußen Friede«

auch militärisch durchsetzen, etwa bei den Hansekriegen gegen Dänemark, bei denen die Hanse Norwegen und Schweden als Verbündete gewann und die 1370 im Frieden von Stralsund mit der Niederlage Dänemarks endeten. Konsequent ging die Hanse auch gegen Ostseepiraten vor, die ihre Handelskoggen bedrohten. Hauptgegner war zeitweise Klaus Störtebeker, der so manches Hanseschiff kaperte. Nachdem fürstliche Territorialmächte im 15. Jahrhundert wieder erstarkt waren und sich ab dem 16. Jahrhundert der Handel mit den neuen Kolonien in Amerika rasant entwickelt hatte, verlor die Hanse rasch an Einfluss und existierte ab Mitte des 17. Jahrhunderts praktisch nicht mehr.

Die Farblithografie »Im Hafen einer Hansestadt« von 1909 vermittelt eine Vorstellung davon, wie die Schiffe in der beginnenden Neuzeit beladen wurden. Bis zum 14. Jahrhundert waren es noch die einmastigen Koggen, die die Handelsgüter auf der Ostsee beförderten und damit die Grundlage für den wirtschaftlichen Aufstieg der Hansestädte bildeten.

RATHAUS UND ROLAND IN BREMEN

Vom Selbstbewusstsein der altehrwürdigen Hansestadt an der Weser zeugen nicht nur Rathaus und Rolandstatue, sondern auch zahlreiche Kaufmannshäuser und Kirchen. Noch immer spielt der Handel eine bedeutende Rolle, auch wenn Dienstleistungen, Hightech, Wissenschaft und Raumfahrt zunehmend in den Vordergrund treten.

Jahr der Ernennung: 2004

Kaiser Karl der Große erhob 787 die Siedlung am Weserufer zum Bistum. Das Marktrecht folgte ein Jahrhundert später, die Stadtrechte wurden um das Jahr 1200 verliehen. 1358 trat Bremen der Hanse bei. Der Seehandel nahm damals einen mächtigen Aufschwung. Da Bremen an der Unterweser und nicht am Meer liegt, musste 1619 ein künstliches Hafenbecken gebaut werden. Bremen ist über die Jahrhunderte seiner Bestimmung als Handels- und Hafenstadt treu geblieben, und so ist es heute noch – zusammen mit Bremerhaven – der zweitwichtigste Außenhandelsstandort Deutschlands.
Das Rathaus steht symbolisch für die Entwicklung der Stadt und der Hanse. Es wurde 1405 bis 1410 im gotischen Stil erbaut und 1609 bis 1612 im Stil

der Weserrenaissance erneuert. Die untere Rathaushalle blieb im Wesentlichen gotisch, die oberen Geschosse weisen Elemente der Renaissance auf. Ein besonders sehenswertes Schmuckstück ist die Güldenkammer im Inneren des ratsherrlichen Festsaals, in dem einst vertrauliche Sitzungen in reich geschmücktem Ambiente abgehalten wurden.

Vor dem Rathaus wacht der – mit Baldachin – fast zehn Meter hohe »steinerne Roland«. Die Figur stammt aus dem Rolandslied und damit dem Sagenkreis um Karl den Großen. Die Nachhut seines Heeres wurde bei Roncesvalles in den Pyrenäen beim Kampf gegen die Waskonen aufgerieben. Dabei starb Roland, nachdem er mit seinem Schwert einen Durchgang in den Fels geschlagen hatte. Im ausgehenden Mittelalter wurde Roland dann zu einem Symbol für städtische Freiheit und eigene Gerichtsbarkeit.

Das Rathaus dominiert mit dem Dom St. Petri das historische Zentrum Bremens rund um den Marktplatz. An seiner Südseite steht der Schütting, das Haus der Bremer Kaufmannschaft im Stil der flandrischen Renaissance, westlich verläuft die Böttcherstraße, ein geschlossenes Gebäudeensemble aus den 1920er-Jahren mit Museen, Kunsthandwerkstätten und exklusiven Geschäften.

Der gotische Dom St. Petri und das Rathaus (links) mit dem »steinernen Roland« (rechts) bilden die prächtige Kulisse für den Bremer Marktplatz.

ALTSTÄDTE VON STRALSUND UND WISMAR

Die beiden an der Ostsee gelegenen Städte Wismar und Stralsund bilden als idealtypische Beispiele für das kulturelle Vermächtnis der Hanse ein gemeinsames Welterbe.

Jahr der Ernennung: 2002

Beide Städte verfügen über ein geschlossenes mittelalterliches bzw. frühneuzeitliches Altstadtensemble mit den für Norddeutschland typischen Backsteinbauten. Ihre historischen Zentren wurden in den 1990er-Jahren vorbildlich restauriert.

Die Lage an der gleichnamigen Bucht sowie an der alten Handelsstraße von Lübeck ins Baltikum prädestinierte Wismar schon früh zu einem bevorzugten Handelsplatz. 1229 erstmals als Stadt erwähnt, trat es 1259 der Hanse bei. Das Herz Wismars ist der Marktplatz mit der Wasserkunst und dem »Alten Schweden«, dem ältesten Bürgerhaus der Stadt (um 1380) mit eindrucksvollem Backsteintreppengiebel. Zahlreiche Giebelhäuser im Stil von Gotik, Renaissance, Barock und Klassizismus sowie sechs Backsteinkirchen, darunter die monumentale Nikolaikirche (14. Jahrhundert), zeugen vom einstigen Reichtum Wismars. Am Alten Hafen im Nordwesten der Altstadt hat sich das spätgotische Wassertor der Stadtbefestigung erhalten. Stralsund, seit 1293 Mitglied der Hanse, war im 14. Jahrhundert eine der bedeutendsten Städte im Ostseeraum.

Vom Stolz des wohlhabenden Bürgertums zeugen die aufwendig gestalteten Kaufmannshäuser in der Altstadt, die auf einem Inselkern zwischen dem Strelasund und den im 13. Jahrhundert aufgestauten Teichen liegt. Besonders sehenswert sind am Alten Markt das Wulflamhaus und das um 1400 errichtete Rathaus, mit seinen Schaugiebeln einer der schönsten Profanbauten der norddeutschen Backsteingotik. Bedeutende Sakralbauten sind die benachbarte hochgotische Nikolaikirche, das 1254 gegründete Franziskanerkloster St. Johannis und der Kampische Hof, einst ein Zisterzienserkloster. Im 17. und 18. Jahrhundert entstanden unter der Herrschaft der Schweden Barockbauten wie das Schwedische Regierungspalais.

Die prächtige Nikolaikirche und das Rathaus mit den Schaugiebeln beherrschen den Alten Markt von Stralsund (links unten). Dominierendes Gebäude auf dem Marktplatz von Wismar ist die 1602 errichtete Wasserkunst, die noch bis 1897 zur Wasserversorgung der Stadt diente (rechts unten). Illuminiert wirken die Fassaden am Marktplatz besonders festlich (rechts, ganz unten).

BUCHENURWÄLDER DER KARPATEN UND ALTE BUCHENWÄLDER IN DEUTSCHLAND

Die grenzüberschreitende Weltnaturerbestätte der Buchenurwälder wurde um fünf alte Buchenwälder in Deutschland erweitert und umbenannt.

Jahr der Ernennung: 2007
Jahr der Erweiterung: 2011

Die 2007 in die Liste der UNESCO aufgenommene grenzüberschreitende Weltnaturerbestätte »Buchenurwälder der Karpaten« wurde um fünf alte Buchenwälder in Deutschland erweitert und dementsprechend umbenannt. Im Einzelnen umfasst die Erweiterung den Grumsiner Forst in Brandenburg, den Nationalpark Kellerwald-Edersee in Hessen, den Nationalpark Jasmund und den Serrahner Buchenwald im Müritz-Nationalpark, beide in Mecklenburg-Vorpommern, sowie den Nationalpark Hainich in Thüringen. Jedes der genannten Gebiete ist auf seine Weise einzigartig und somit unersetzlich zugleich. Gemeinsam repräsentieren die zum Weltnaturerbe erklärten Gebiete die wertvollsten Relikte großflächiger naturbelassener Buchenwälder in Deutschland. Mit den ausgewählten Waldflächen lässt sich die nacheiszeitliche Ausbreitung der Buche, von derem einstigen Areal in Deutschland nur noch etwa sieben Prozent erhalten sind – von Nord nach Süd und West nach Ost sowie vom Tiefland bis in die Höhenlagen sehr gut dokumentieren. Die naturnahen Tiefland-Buchenwälder sind heute auf

Deutschland beschränkt und Buchenwälder nährstoffarmer Standorte haben in den deutschen Mittelgebirgen ihren weltweiten Verbreitungsschwerpunkt. Das landschaftliche Erscheinungsbild ist von Natur aus von Buchenwäldern geprägt und vor ungefähr 6500 Jahren waren 40 Prozent der der europäischen Gebiete mit Buchenwäldern bewachsen.

Links: Über 30 Laubbaumarten konkurrieren im Nationalpark Hainich (Thüringen) mit der dominierenden Buche um einen Sonnenplatz. Unten links: Mehr als 40 Prozent der im Nationalpark Kellerwald-Ederseee geschützten Buchen sind über 120, einige bis zu 260 Jahre alt. Unten rechts: Im Nationalpark Jasmund (Rügen).

DOM UND MICHAELIS-KIRCHE IN HILDESHEIM

Mit zwei bedeutenden Sakralbauten, St. Michael und dem Dom, wartet Hildesheim im Harzvorland auf. Die beiden Kirchen gehen in ihren Ursprüngen auf das 11. Jahrhundert zurück und gelten als herausragende Beispiele romanischer Baukunst. Der im Zweiten Weltkrieg zerstörte Dom wurde 1950 bis 1960 originalgetreu wiederaufgebaut.

Jahr der Ernennung: 1985

Bischof Bernwards Bronzetür, deren Flügel mit jeweils acht Reliefs in einem Stück gegossen wurden, ist wohl das bedeutendste Kunstwerk des Hildesheimer Doms, der nach einem Brand im 11. Jahrhundert neu erbaut wurde. In der künstlerischen Gegenüberstellung von Sündenfall und neutestamentarischen Erlösungsvorstellungen auf den beiden Flügeln zeigt sich ein Grundprinzip der bernwardinischen Theologie. Die ebenfalls aus Bronze gegossene und nur teilweise erhaltene Bernwardsäule illustriert das Leben Christi.

Die ottonische Kirche St. Michael, unter Bernward 1010 bis 1033 errichtet, barg die kaiserliche Kreuzreliquie, auf die die Gründung des Bistums Hildesheim 815 zurückgeht. Einzigartig

ist die Verbindung antiker und mittelalterlicher Motive in der Bauausführung. Ein Hauptwerk mittelalterlicher Monumentalmalerei ist die bemalte hölzerne Mittelschiffsdecke aus dem 13. Jahrhundert mit der Darstellung des »Jesseboom«, des Stammbaums Christi. Die Stuckreliefs an den Querschiffsarmen, die »Engelsemporen«, entstanden um 1230. St. Michael wurde im Mittelalter durch das Grab des 1194 heiliggesprochenen Bernward zu einer viel besuchten Pilgerstätte.

Der im Diözesanmuseum nebenan aufbewahrte Hildesheimer Domschatz birgt Manuskripte, reich verzierte Evangeliare und alte Bibeln von unschätzbarem Wert. Weltrang hat auch das Roemer- und Pelizaeus-Museum mit seiner ägyptischen Sammlung.

Links: Der Dom St. Mariä Himmelfahrt und seine Seitenkapellen; unten rechts: Blick durch das Hauptschiff des Doms zum Altar. Unten links: Das Prunkstück in St. Michael ist die bemalte Holzdecke über dem Mittelschiff, die den »Jesseboom« zeigt. Dieses um 1230 angefertigte Werk besteht aus 1300 Einzelstücken.

Das Bildmotivs des Jessebooms, Wurzel Jesse, zeigt die Decke von St. Michael. Dabei wird der theologische Stammbaum Christi als Baum dargestellt, der aus der Figur des liegenden Jesse herauswächst.

Die aufwendige und prächtige Holzdecke, eine in Deutschland einzigartige Flachdecke, vermittelt einen faszinierenden Eindruck der romanischen Monumentalmalerei. Das Kunstwerk wurde im Zweiten Weltkrieg abgenommen und überstand so, im Gegensatz zu Teilen des Kirchengebäudes, die Luftangriffe unbeschadet.

Repräsentative Sachlichkeit und großflächiger Gebrauch von Glas sind für das Gebäude charakteristisch und stehen gleichzeitig für ein neues unternehmerisches Selbstbewußtsein in dieser Zeit.

Jahr der Ernennung: 2011

Als Schlüsselwerk der Architektur der Moderne gilt das Fagus-Werk im niedersächsischen Alfeld an der Leine. Angenehm und hell, sicher und produktivitätssteigernd sollten die Arbeitsplätze in der Fabrik sein, mit deren Bau der Unternehmer Carl Benscheidt im Jahr 1911 den Berliner Architekten Walter Gropius und dessen Partner Adolf Meyer beauftragte. Die sozialreformerischen Vorgaben des Bauherren für eine »ideale Fabrik« und die revolutionären Ideen des späteren Stararchitekten des Bauhauses führten mitten in Niedersachsen zum Ursprungsbau der Moderne. Zwischen den Jahren 1911 und 1925 errichteten Gropius und Meyer in drei Bauabschnitten für den mittelständischen Betrieb eine dreistöckige Fabrik, deren

Erscheinungsbild in ihrer repräsentativen Sachlichkeit von den traditionellen Bauformen jener Zeit völlig abwich. Dieses zentrale Werk der neueren Architekturgeschichte ist eine elegante Konstruktion aus gelbem Klinker und großen, scheinbar schwerelosen Glasflächen. Seine stützenlosen, vollständig verglasten Ecken wurden zum Markenzeichen des Neuen Bauens. Gropius gestaltete den Bau bis in das letzte Detail selbst, sogar das Design der Türklinken und Nieten stammt aus seiner Hand. Auch das Firmenlogo ist aus der Bauzeit original erhalten. Das 1911 gegründete Fagus-Werk ist in bis heute als Schuhleistenfabrik erhalten geblieben. Seit der Gründung des Unternehmens wird hier ununterbrochen produziert.

Unten: Das Hauptgebäude des Fagus-Werks von Süden. Der Firmenkomplex stand schon vor der Ernennung durch die UNESCO unter Denkmalschutz und ist in Fachkreisen seit jeher weltberühmt. Neben Schuleisten werden heute auch elektronische Mess- und Regelsysteme hergestellt. Links: Blick ins Vestibül.

GOSLAR (ALTSTADT), OBERHARZER WASSERWIRTSCHAFT

Goslar verdankt seine herausgehobene Stellung als Kaiserstadt und »Nordisches Rom« – die Kaiserpfalz und 47 Kirchen und Kapellen prägen noch heute die Stadtsilhouette – seinen Silberminen. Das historische Bergwerk Rammelsberg zählt ebenso zum Weltkulturerbe wie das geschlossene Ensemble von Fachwerkbauten in der Altstadt; erweitert wurde das Erbe um die Oberharzer Wasserwirtschaft.

Jahr der Ernennung: 1992; Erweiterung: 2010

968 wurde der Berg, in dem bereits zu Zeiten der Römer Erz abgebaut wurde, erstmals schriftlich erwähnt. Kaiser Heinrich II. ließ in der Nähe der reichen Silber- und Kupfervorkommen im 11. Jahrhundert die mächtige Pfalz anlegen. Um 1100 mit Stadtrechten versehen und Sitz einer Reichsvogtei, entwickelte sich Goslar zu einem geistigen Zentrum des Landes. In der 1186 geweihten Klosterkirche St. Mariae in horto, der heutigen Neuwerkskirche, hat sich die Romanik in selten anzutreffender Reinheit erhalten. Nach 1455, als die 1360 mit Wasser vollgelaufenen Stollen wieder in Betrieb genommen wurden, begann die zweite Blüte Goslars. Die Bautätigkeit dieser Zeit prägte nachhaltig das Erscheinungsbild der Altstadt, deren dichter

Fachwerkbestand einzigartig in Norddeutschland ist. Die Bergmannssiedlung im Frankenberger Viertel aus dem 16. Jahrhundert dokumentiert den europäischen Bergbau und das Leben der Bergarbeiter. Mit dem Bergbau eng verbunden ist die Oberharzer Wasserwirtschaft. Es ist eines der größten vorindustriellen Energieversorgungssysteme der Welt.

In der Altstadt finden sich die Zeugnisse alter Fachwerkarchitektur (links). Zwischen 1505 und 1525 wurde der Huldigungssaal als Ratssitzungssaal eingerichtet. Bis heute ist er vollständig mit Tafelgemälden ausgekleidet (unten links). Unten rechts: Figur am »Kaiserworth«, dem ehemalingen Gildehaus.

Südlich von Goslar wurde im Bergwerk Rammelsberg 1000 Jahre lang ununterbrochen Erz abgebaut. Im Jahr 1988 wurde es stillgelegt und ist seitdem eines der wichtigsten Bergbaumuseen in Europa; es bietet viel Anschauungsmaterial (großes Bild).

Unten links: In der Waschkaue des Bergwerks zogen sich die Kumpel früher um, wuschen sich und bewahrten ihre Kleidung in Röhren auf, die unter der Decke hingen. Die Grubenbahn veranschaulicht, wie die Arbeiter in den Stollen einfuhren (ganz links). Der komplizierte Prozess der Erzaufbereitung ist im Bergwerksmuseum anschaulich dokumentiert (links).

Das im nördlichen Harzvorland gelegene Quedlinburg ist eines der größten Flächendenkmäler Deutschlands. Seinen Welterbestatus verdankt es der mittelalterlichen Altstadt mit über 1200 historischen Fachwerkbauten sowie der romanischen Stiftskirche St. Servatius auf dem Schlossberg.

Jahr der Ernennung: 1994

Heinrich I. errichtete seine Residenz Quitilingaburg über den Grundmauern einer Pfalz, die noch aus karolingischer Zeit stammte. 1129 wurde die Kirche des 936 auf dem Schlossberg gegründeten Stifts dem heiligen Servatius geweiht. Die Grundstruktur dieser romanischen Basilika blieb trotz umfangreicher Um- und Anbauten, die noch im 19. Jahrhundert vorgenommen wurden, bewahrt. Ein gotisches Säulenportal schmückt den Eingang zu der mit romanischen Fresken geschmückten Krypta, in der sich die Grabmäler König Heinrichs I. und seiner Gemahlin befinden. Außer Stiftskirche und einigen Klostermauern sind keine weiteren Bestandteile des Stiftes erhalten geblieben. In unmittelbarer Nachbarschaft der Stiftskirche

wurde auf den Fundamenten romanischer Vorgängerbauten das Schloss erbaut, das verschiedene Stilelemente hauptsächlich des 16. und 17. Jahrhunderts aufweist. Von besonderem Reiz ist die Altstadt Quedlinburgs unterhalb des Hügels, die von einer mächtigen Stadtmauer umfriedet wird. Drei gotische Hallenkirchen sind hier noch erhalten. Zahlreiche Fachwerkbauten aus sechs Jahrhunderten und verwinkelte Gässchen versetzen den Besucher ins Mittelalter. Auf dem Marktplatz beeindrucken das zweigeschossige Rathaus im Renaissancestil (1613–1615) mit seinem Frühbarockportal sowie die Rolandstatue von 1427. Einen Kontrapunkt setzt die Lyonel-Feininger-Galerie mit Werken des berühmten Malers und Grafikers.

Trotz unterschiedlicher Stile bilden Schloss und Stiftskirche St. Servatius auf dem Schlossberg hoch über Quedlinburg eine untrennbare Einheit (unten links). Blick auf die schmucken Fachwerkhäuser am Hoken (links). Die Altstadt präsentiert ihre einmalige städtebauliche Kunst (unten rechts).

BAUHAUSSTÄTTEN IN DESSAU UND WEIMAR

Das Bauhaus war eine der bedeutendsten Hochschulen für Gestaltung. Kunst sollte nicht mehr gesellschaftlich abgehoben sein, sondern durch die Verbindung mit handwerklicher Produktion sowohl in der Architektur als auch für Gebrauchsgegenstände vorbildliche Formen und Objekte schaffen. Die meisten Bauhausstätten befinden sich in Dessau; in Weimar sind nur mehr zwei Gebäude erhalten.

Jahr der Ernennung: 1996

»Architekten, Bildhauer, Maler, wir alle müssen zum Handwerk zurück«, schrieb 1919 Walter Gropius, der neue Direktor des Staatlichen Bauhauses zu Weimar. Die geforderte Einheit von künstlerischer Gestaltung und handwerklichem Können spiegelt sich im gewählten Namen wider: Das Wort »Bauhaus« sollte an die Tradition der Bauhütten der großen Kathedralen des Mittelalters anknüpfen. Künstler wie Paul Klee und Wassily Kandinsky folgten dem Ruf ins verschlafene Weimar. Doch dort waren die exzentrischen Künstler und Architekten nie sehr beliebt: Die politischen Umstände zwangen 1925 zum Wechsel in das liberalere Dessau, wo Gropius das Bauhausgebäude errichtete, ein Denkmal des frühen Industriedesigns. Hier

entstanden auch die Meisterhäuser. Das Haus am Horn in Weimar wurde 1923 als ein Modell des Wohnhauses der Zukunft vorgestellt. 1933 wurde das Bauhaus von den Nationalsozialisten geschlossen, viele Bauhauskünstler wie Mies van der Rohe und Moholy-Nagy emigrierten in die USA. Hier lebte die Tradition der Moderne im »New Bauhaus« weiter.

Klassiker der Moderne sind die vom Bauhaus entworfenen Gebäude und Objekte. Dazu zählen das Dessauer Bauhausgebäude (links und unten links). Zeitlos modern wirken im Inneren das Treppenhaus (kleines Bild unten links) und die Fassade mit den beleuchteten Balkons des Prellerhauses (unten rechts).

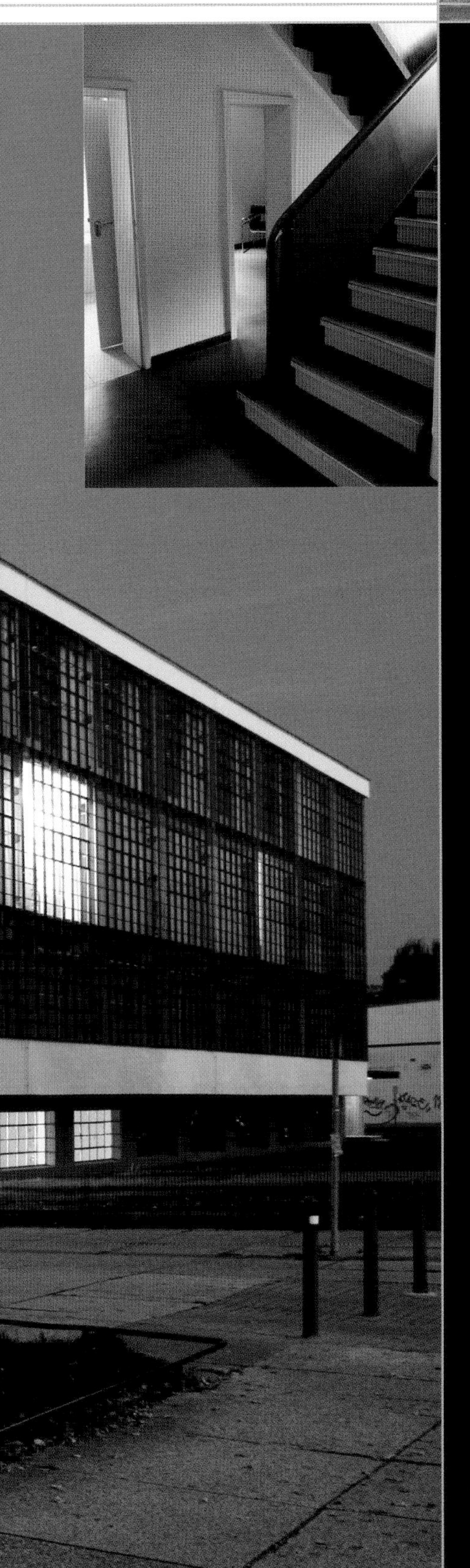

Baumeister der Moderne

Walter Gropius (1883–1969) war einer der Begründer des Bauhauses und zugleich einer der wichtigsten Architekten der Moderne. Nach dem Studium trat er 1907 in das Büro von Peter Behrens in Berlin ein, wo er bedeutende Architekten kennenlernte, darunter Le Corbusier und Mies van der Rohe. 1910 machte er sich als Architekt und Industriedesigner selbstständig. Gleich sein erster großer Auftrag geriet zu einem Meilenstein deutscher Industriearchitektur: das Fagus-Werk in Alfeld an der Leine, das er ab 1911 mit Adolf Meyer baute; seit 2011 auch zum Welterbe gehörend. Mehrere Gestaltungselemente, die Gropius und Meyer hier entwickelten, setzten sich weltweit durch: die Glasfassade, die kubischen Formen sowie schließlich die Skelettbauweise der Stahlträger, die das Gebäude leicht und elegant wirken lassen. 1919 wurde Gropius zum Direktor der Großherzoglich-Sächsischen Hochschule für Bildende Kunst in Weimar berufen, die er in »Staatliches Bauhaus« umbenannte und in

Walter Gropius, Begründer des Bauhauses in Weimar

den 20er-Jahren zu einer der berühmtesten Kunst-, Design- und Architekturschulen der Moderne von Weltgeltung machte. Seine Architektur übte maßgeblichen Einfluss auf den »International Style« aus, in den Bauhauswerkstätten entstanden viele Vorbilder für Industrieprodukte. 1925 zog das Bauhaus nach Dessau um, wo Gropius das Bauhausgebäude, den Hauptsitz der Hochschule, sowie die Meisterhäuser für László Moholy-Nagy und Lyonel Feininger, Georg Muche und Oskar Schlemmer, Wassily Kandinsky und Paul Klee entwarf. 1934 floh er vor den Nationalsozialisten nach England und weiter in die USA, wo er Professor in Harvard wurde. Nach dem Krieg verwirklichte Gropius wieder einige Projekte in Deutschland, so etwa ein Hochhaus im Berliner Hansaviertel.

Von den ursprünglich sieben Meisterhäusern in Dessau, allesamt von Walter Gropius entworfen, sind noch fünf erhalten und inzwischen restauriert, wie hier das Haus Muche (großes Bild). Von Gropius stammen noch weitere Dessauer Bauten, zum Beispiel das Bauhausgebäude, das ehemalige Städtische Arbeitsamt, das Konsumgebäude und die Siedlung Dessau-Törten.

GARTENREICH DESSAU-WÖRLITZ

Als »herausragendes Beispiel für die Umsetzung philosophischer Prinzipien der Aufklärung in einer Landschaftsgestaltung« wurde das Gartenreich Dessau-Wörlitz zum Weltkulturerbe erklärt. Auf einem Areal von 150 Quadratkilometern entlang von Mulde und Elbe bilden sechs Schlösser und sieben Parks ein großartiges Gesamtkunstwerk.

Jahr der Ernennung: 2000

Fürst Leopold III. Friedrich Franz von Anhalt-Dessau ließ ab 1764 an den Uferpartien eines früheren Elbarmes bei Wörlitz eine weiträumige Parkanlage im englischen Gartenstil errichten. In die vielgestaltige Gartenlandschaft wurden diverse kleinere und größere Baukunstwerke eingestreut. Ausführender Gartenarchitekt war Johann Friedrich Eyserbeck. Die Konzeption der klassizistischen Bauten oblag Friedrich Wilhelm von Erdmannsdorff. Er entwarf die Gebäude nach dem Vorbild berühmter Bauten der römischen Antike, der italienischen Spätrenaissance und des englischen Klassizismus. Der zentrale Bau ist das zwischen 1769 und 1773 errichtete Gartenschloss von Wörlitz, das als Urzelle des deutschen Klassizismus be-

zeichnet wird. Es steht wie die anderen Parkgebäude – etwa Floratempel, Synagoge oder Gotisches Haus – in einem kalkulierten Wechselspiel zur umgebenden Gartenlandschaft. Zum weitläufigen Gartenreich gehören neben den Wörlitzer Anlagen ferner die Schlösser und Parks Großkühnau, Georgium, Luisium, Sieglitzer Berg, Mosigkau und Oranienbaum.

Über die 112 Hektar große Anlage von Wörlitz mit exotischen Blumen und Bäumen sind zahlreiche Kulissenbauten verstreut, so etwa das herrlich gelegene Wörlitzer Schloss (großes Bild; unten: Detailansicht), die Villa Hamilton (unten rechts). Das Gotische Haus (links) wurde ab 1773 im neugotischen Stil errichtet.

Ein außergewöhnliches Ensemble von Architektur und Landschaftsgärten bilden die Preußischen Schlösser und Gärten Berlin-Potsdam. Hierzu gehören Schloss und Park Sanssouci, Babelsberg samt Sternwarte, Lindstedt, Sacrow, Glienicke, Neuer Garten mit Schloss Cecilienhof, Pfingstberg mit Belvedere und die Pfaueninsel.

Jahr der Ernennung: 1990; Erweiterungen: 1992, 1999

»Sanssouci«, ohne Sorge, wollte Friedrich der Große in seiner Sommerresidenz in Potsdam leben. Teils nach eigenen Entwürfen ließ er ab 1745 auf den Weinbergterrassen von Knobelsdorff einen eingeschossigen Bau errichten. Mit seinem plastischen Schmuck und der reichen Ausstattung gilt Schloss Sanssouci als ein Hauptwerk des deutschen Rokoko. Vom selben Architekten stammt auch der Entwurf für die Parkanlage. Weitere Bauwerke kamen hinzu: die Bildergalerie, die Neuen Kammern und das gewaltige Neue Palais.
Friedrich Wilhelm IV. setzte dann die Bautätigkeit in Sanssouci fort. Unter seiner Regentschaft wirkten die bedeutendsten Baumeister und Landschaftsarchitekten seiner Zeit. Nach Plänen Schinkels wurde ein altes Gutshaus

zum Schloss Charlottenhof umgebaut, den Park gestaltete Lenné im romantischen Sinn. Bis 1860 folgten Römische Bäder, Orangerie und Friedenskirche. Neben weiteren Schlossbauten (Belvedere, Park und Schloss Lindstedt) umfasst das Welterbegebiet ferner das Dorf Klein-Glienicke und in Potsdam das Krongut Bornstedt und die Russische Kolonie Alexandrowka.

Die bekannte und berühmte Gartenansicht von Schloss Sanssouci entstammt der Entscheidung Friedrichs des Großen am Südhang einen terrassierten Weinberg zu schaffen. Davor wurden 1745 ein Ziergarten und kurz danach ein Brunnenbecken angelegt (großes Bild, links). Rechts unten: eine Gitterlaube im Schlosspark mit einer Replik der antiken Statue »Betender Junge«.

Aufklärer auf dem Thron

Friedrich II. von Preußen, genannt der Große, ist immer noch der beliebteste deutsche König, erkennbar auch an seinem kumpelhaften Spitznamen »der Alte Fritz«. Im Europa des 18. Jahrhunderts erregte Friedrichs straff organisierter kleiner Staat einiges Aufsehen: Während sonst jeder Provinzfürst dem französischen »Sonnenkönig« Ludwig XIV. nacheiferte und an seinem eigenen Versailles bastelte, verkündete Friedrich: »Ich bin der erste Diener meines Staates.« Er schaffte die Folter ab, erlaubte Religionsfreiheit, ließ Einwanderer ins Land, legte

Friedrich II. nach einem Porträt von Anton Graff (1781)

Brachland wie den Oderbruch trocken, schränkte die Zensur ein und verfügte die Gleichbehandlung aller Bürger. Trotzdem hatte das Militär absolute Priorität – hier war er ganz der Sohn seines Vaters, des »Soldatenkönigs« Friedrich Wilhelm I., gegen dessen autoritäre Erziehung er sonst rebellierte. Seinen Beinamen bekam Friedrich der Große nicht wegen seines aufgeklärten Regierungsstils, sondern für seinen Einsatz im Siebenjährigen Krieg (1756 bis 1763). Diesen Krieg gegen alle großen Nachbarn hatte Preußen schon so gut wie verloren, als sich in letzter Sekunde das Blatt wendete und Russland nach dem Tod der Zarin Elisabeth auf Preußens Seite schwenkte. So war das kleine Preußen plötzlich zur europäischen Großmacht geworden.

Einen langen Schatten begleitet den Ruf Friedrichs des Großens noch heute. Sein Reiterstandbild von Christian Daniel Rauch (1851) auf dem Boulevard Unter den Linden wurde stilbildend für viele Fürstendenkmäler (unten). Die musische Ader des Regenten illustriert das in der Nationalgalerie ausgestellte »Flötenkonzert Friedrichs des Großen« von Adolph von Menzel (links).

SANSSOUCI

Im Park Sanssouci ließ Friedrich der Große ab 1763 die barocke Zweiflügelanlage des Neuen Palais mit der zentralen Tambourkuppel (links) errichten. Der repräsentative Bau mit seiner prächtigen Innenausstattung sollte nach dem gewonnenen Siebenjährigen Krieg den Führungsanspruch Preußens demonstrieren. Eindrucksvoller Blickfang sind zudem die mächtigen Außenlaternen (großes Bild).

Zwischen 1851 und 1864 wurde das Orangerieschloss, auch Neue Orangerie genannt, am Nordrand der Parkanlage Sanssouci erbaut. Friedrich Wilhelm IV. gab es in Auftrag (ganz links). Das Chinesische Haus – hier die Figuren im Detail (rechts) – zeugt von der Chinamode, die im 18. Jahrhundert die höfische Kultur intensiv prägte.

POTSDAM UND BERLIN: SCHLÖSSER UND PARKS NEUER GARTEN, PFAUENINSEL, SCHLOSS GLIENICKE UND BABELSBERG

Harmonisch in die Seenlandschaft von Berlin und Potsdam fügt sich der Neue Garten am Jungfern- und Heiligen See mit dem frühklassizistischen Marmorpalais samt Küche in Tempelform ein (großes Bild). Schloss Babelsberg mit der Havel im Vordergrund fügt sich malerisch in den Babelsberger Park ein (links unten). Über 50 Jahre war das Schloss Sommersitz von Kaiser Wilhelm I. und seiner Gattin Augusta.

Im Stil einer italienischen Villa wurde Schloss Glienicke ab 1824 nach Entwürfen von Schinkel antik umgestaltet (links). Prinz Carl von Preußen hatte das Herrenhaus im selben Jahr erworben und stand noch ganz unter dem Eindruck einer Italienreise. Die Pfaueninsel mit dem Ruinenschlösschen ist eine verschwiegene Idylle (ganz links).

MUSEUMSINSEL BERLIN

Auf der Museumsinsel zwischen Spree und Kupfergraben erwartet den Besucher auf einem Areal von weniger als einem Quadratkilometer ein weltweit einzigartiges Ensemble von fünf Museen, die zusammen über 5000 Jahre Menschheitsgeschichte dokumentieren.

Jahr der Ernennung: 1999

Als einer der ersten Museumsbauten Deutschlands entstand zwischen 1824 und 1828 das Alte Museum. Errichtet nach Plänen von Schinkel, bildete die monumentale Anlage das städtebauliche Pendant zum damals wichtigsten Gebäude der Stadt, dem königlichen Residenzschloss. In dem Haus, das einige der schönsten Raumschöpfungen des Klassizismus aufweist, wurden auf zwei Stockwerken antike Gemälde und Skulpturen präsentiert. Da der zur Verfügung stehende Platz bald nicht mehr ausreichte, ließ Friedrich Wilhelm IV. die gesamte restliche Insel für Kunstexponate reservieren und zwei weitere Bauten in Auftrag geben.
1843 bis 1855 entstand nach Plänen des Schinkel-Schülers Stüler das Neue Museum, das die Entwicklung der

Künste vom alten Ägypten bis zur Renaissance dokumentierte. Seit dem Zweiten Weltkrieg ist das Gebäude allerdings eine Ruine, gegenwärtig wird es wiederaufgebaut. Die Alte Nationalgalerie, 1866 bis 1876 erbaut, war damals der Malerei und Bildhauerei der Gegenwart gewidmet. Viele der Werke aus dem 19. Jahrhundert hängen seit der Wiedereröffnung des Hauses 2001 wieder an ihrem ursprünglichen Platz. 1904 wurde an der Spitze der Insel das Bode-Museum (vormals Kaiser-Friedrich-Museum) mit dem kuppelüberwölbten Treppenhaus eingeweiht. Hier residieren nach umfassender Renovierung wieder die Skulpturensammlung, das Museum für Byzantinische Kunst und das Münzkabinett. Als Letzter der fünf Museumsbauten kam zwischen 1912 und 1930 das neoklassizistische Pergamonmuseum hinzu, das erste Architekturmuseum der Welt. Es wurde eigens für die Präsentation riesiger archäologischer Fundstücke aus Vorderasien errichtet, die hier als imposante Teilrekonstruktionen wiedererstanden. Daneben beherbergt das meistbesuchte Museum Berlins auch die Antikensammlung und das Museum für Islamische Kunst.

Bilder unten: Das Alte Museum, Schinkels Meisterwerk, beschließt den Lustgarten an der Nordseite. 18 ionische Säulen tragen die 87 Meter breite Hauptfront. Nach dem Tod des Baumeisters wurden, abweichend von seinem Entwurf, die Figuren an der Freitreppe aufgestellt.

Der Baumeister Preußens

Karl Friedrich Schinkel leistete in Berlin das, was zur gleichen Zeit Leopold von Klenze in München tat: Er gab der Stadt ein zeitgemäßes klassizistisches Gesicht. Geboren 1781 in Neuruppin, hatte Schinkel 1798 das Gymnasium verlassen, um beim späteren preußischen Oberhofbaumeister Gilly zu studieren. Eine Italienreise (1803–1805) rundete seine Ausbildung ab. Da die französische Besatzung Anfang des 19. Jahrhunderts größere Bauaufträge kaum zuließ, verdiente Schinkel seinen Lebensunterhalt zunächst als Maler, wobei ihn – bereits ganz der Architektur verschrieben – vor allem Stadtansichten beschäftigten. Ab 1810 war er in der preußischen Oberbaudeputation angestellt, 1815 wurde er Oberbaurat, 1831 Oberbaudirektor.

Karl Friedrich Schinkel im Jahr 1836

Waren Schinkels frühe Entwürfe noch einer romantischen Hinwendung zum Mittelalter verpflichtet, so gestaltete er seinen ersten großen Bau, die Neue Wache (1818), bereits ganz im klassizistischen Stil. Auch das Schauspielhaus am Gendarmenmarkt (1818–1824) und das anschließend begonnene Neue Museum (das heutige Alte Museum) begründeten seinen Ruf als herausragender Baumeister des deutschen Klassizismus. In Potsdam schuf er 1833/34 die klassizistischen Römischen Bäder und das dem Historismus verpflichtete Schloss Babelsberg. In der Friedrichswerder'schen Kirche in Berlin, einer Schöpfung Schinkels im neugotischen Stil, ist ihm eine Ausstellung gewidmet.

In Anlehnung an das Pantheon in Rom schuf Schinkel die Rotunde des Alten Museums in Berlin (unten links). Ihr Innenraum wird gegliedert durch 24 korinthische Säulen, die eine umlaufende Galerie tragen, und römische Statuen. Seit 1987 wird der denkmalgeschützte Innenraum der Friedrichwerder'schen Kirche als Museum genutzt (unten rechts).

MUSEUMSINSEL BERLIN PERGAMONMUSEUM

Das Pergamonmuseum verdankt seinen Namen der Teilrekonstruktion eines aus dem 2. Jahrhundert stammenden Monumentalaltars aus Pergamon in Kleinasien, der dort 1878 bis 1886 von Carl Humann ausgegraben und anschließend in ein eigens errichtetes Gebäude in Berlin transferiert wurde (großes Bild). Das Markttor von Milet (unten links) und die griechischen Statuen (unten rechts).

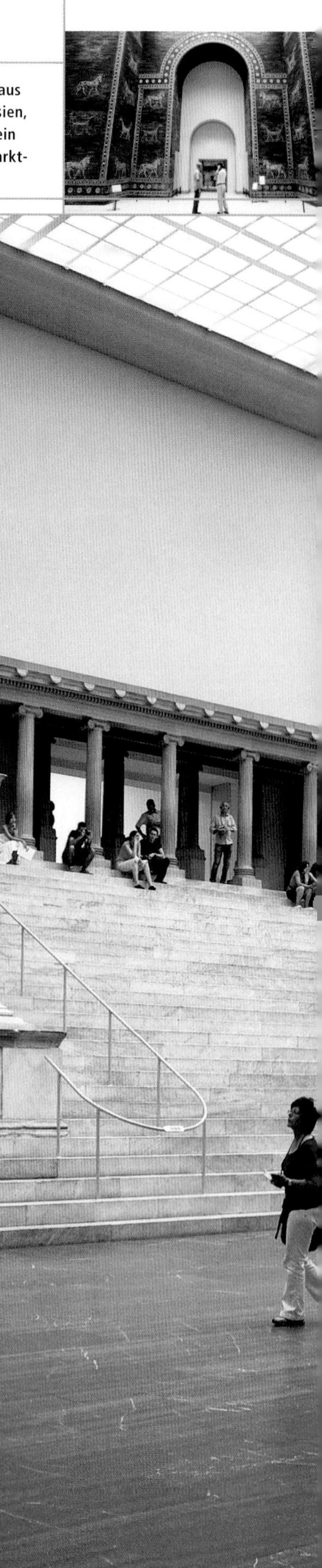

Ein weiteres Monumentalexponat des Pergamonmuseums ist das babylonischen Ischtar-Tor, eines der Stadttore Babylons zu Zeiten Nebukadnezars II., mit der Prozessionsstraße (Bildleiste ganz links). Die Detailansicht (Mitte) zeigt zwei Löwen, sie sind ein Symbol für die Muttergöttin Ischtar, rechts wird ein Stier gezeigt.

Das Bode-Museum (unten rechts) beherbergt eine der bedeutendsten Skulpturensammlungen vom frühen Mittelalter bis zum 18. Jahrhundert, das Museum für Byzantinische Kunst und das Münzkabinett. Schon die Räumlichkeiten des im wilhelminischen Barock errichteten Gebäudes sind imponierend, wie etwa die Kleine Kuppelhalle mit dem Treppenhaus (großes Bild).

Die Alte Nationalgalerie wurde von Friedrich August Stüler, einem Schinkel-Schüler, in Form eines römischen Tempels errichtet (ganz links). Sie zeigt heute eine der bedeutendsten Sammlungen der Kunst des 19. Jahrhunderts. Den Grundstock der Sammlung bildeten 262 Gemälde deutscher und ausländischer Maler. Seit 1998 wurden die Säle sorgsam restauriert (links).

MUSEUMSINSEL BERLIN
NEUES MUSEUM

Das nach Plänen von Friedrich August Stüler von 1841–1859 errichtete Neue Museum gilt als Hauptwerk der Kunst-, Museums- und Technikgeschichte des 19. Jahrhunderts (großes Bild). Ein Höhepunkt ist hier das Ägyptische Museum (kleines Bild unten).

Nofretete steht in einer gläsernen Vitrine im perfekt ausgeleuchteten Nordkuppelsaal des Neuen Museums und blickt majestätisch hinüber zur Südkuppel (unten rechts). Einen reizvollen Dialog geht bestehende Bausubstanz mit neuen architektonischen Elementen des Architekten David Chipperfield ein (Bildleiste links).

SIEDLUNGEN DER BERLINER MODERNE

Die sechs Berliner Ensembles, erbaut zwischen 1913 und 1934 von Architekten wie Bruno Taut, Hans Scharoun und Walter Gropius, repräsentieren mit ihren klaren, reduzierten Formen den Anspruch der klassischen Moderne. Mit Bädern und Balkonen ausgestattete lichtdurchflutete, warme Wohnungen sollten damit auch für sozial benachteiligte Bevölkerungsschichten erschwinglich sein.

Jahr der Ernennung: 2008

Nach den Erschütterungen des Ersten Weltkriegs war die geistige Landschaft in Europa geprägt von der Suche nach einer neuen, klaren Ordnung, die sich an der Realität gegebener Umstände, an Zweckmäßigkeit und Funktionalität orientierte. Gleichzeitig ermöglichten die Fortschritte der Technik neue Bauweisen – etwa Stahlskelettbau und Einsatz von Guss- und Stahlbeton –, die nun Verwendung in Kunst und Architektur der Avantgarde fanden. Die Konzentration auf den stimmigen Zusammenhang zwischen Form und Funktion wurde im Deutschland der Weimarer Republik begleitet von der gesellschaftspolitischen Utopie, eine neue Architektur für eine neue Stadt und eine neue Gesellschaft zu kreieren.

In Form eines Hufeisens ist die Siedlung Britz angelegt (großes Bild). Die Großsiedlung Siemensstadt wird auch »Ringsiedlung« genannt (unten links). Die »Tuschkastensiedlung« in der Gartenstadt Falkenberg wurde zwischen 1913 und 1934 erbaut (rechts). Rechts unten: die Weiße Stadt in Reinickendorf; darunter: die Siedlung Schillerpark, Bristolstraße 1–17.

Die Berliner Siedlungen – zum Welterbe gehören die Gartenstadt Falkenberg, die Siedlung Schillerpark, die Großsiedlung Britz, die Wohnstadt Carl Legien, die Weiße Stadt und die Großsiedlung Siemensstadt – reflektieren diese Zeit architektonischer und gesellschaftlicher Umbrüche. In ihnen verbindet sich die Architektur der Moderne mit der Idee des Sozialen Wohnungsbaus als Antwort auf die steigenden Bevölkerungszahlen. Auch der ärmeren Bevölkerung sollte nun ein höherer Lebensstandard ermöglicht werden. Die klare Formensprache, die Qualität der architektonischen Komposition und die städtebaulichen Figuren der Siedlungen übten nachhaltigen Einfluss auf die Entwicklung der Architektur im 20. Jahrhundert aus.

EISLEBEN, WITTENBERG: LUTHERGEDENKSTÄTTEN

In Wittenberg und Eisleben finden sich zahlreiche Spuren des großen Reformators Martin Luther. Die zum Weltkulturerbe zählenden Luthergedenkstätten umfassen das Geburtshaus und das Sterbehaus in Eisleben, ferner in Wittenberg das Lutherhaus, die Stadtkirche und die Schlosskirche sowie das Melanchthonhaus.

Jahr der Ernennung: 1996

Die Tür der Schlosskirche in Wittenberg, an die Martin Luther 1517 seine 95 Thesen zur Reformation anschlug, wurde 1760 bei einem Brand zerstört. 1858 wurde sie durch eine Bronzetür ersetzt, die nun den Wortlaut der Thesen in goldenen Lettern wiedergibt. Das Grab des Reformators befindet sich in der Kirche vor der Kanzel. In der Stadtkirche hat Luther mehr als 30 Jahre lang gepredigt und die neuen Gottesdienstformen eingeführt. Das Lutherhaus im ehemaligen Wittenberger Augustinerkonvent im Hof des Universitätsgebäudes war über 40 Jahre lang die Wohn- und Arbeitsstätte Luthers. Hier übersetzte und schrieb er und hielt zusammen mit Philipp Melanchthon Vorlesungen ab. Die Lutherstube im ersten Geschoss, in

der die berühmten Tischgespräche stattfanden, ist noch mit einigen Originalmöbeln ausgestattet. Heute residiert im Lutherhaus ein reformationsgeschichtliches Museum. Auch das Geburtshaus und das Sterbehaus Martin Luthers in Eisleben, beide inzwischen vorbildlich restauriert, beherbergen Gedenkstätten zum Leben und Wirken Luthers.

Blick auf Marktplatz, Rathaus und St. Andreaskirche von Eisleben (großes Bild). An die Tür der Schlosskirche (unten rechts) in Wittenberg soll Martin Luther 1517 seine 95 Thesen angeschlagen haben (unten); links: die Innenansicht der Kirche. Die Marienkirche dominiert das Stadtbild von Wittenberg (ganz links).

Reformer für Gott

Martin Luther (1483–1546) ist die herausragende Figur des 16. Jahrhunderts, ein Mann, der die politische und kulturelle Landschaft verändern sollte wie kaum ein anderer. Geboren und aufgewachsen in Eisleben als Sohn eines Bergbauunternehmers, hatte er Philosophie studiert und sich für Klosterleben und Priestertum entschieden. Die Erfahrung einer Romreise und sein Suchen nach dem richtigen Verhältnis zu Gott führten ihn zu einer zunehmend kritischen Haltung gegenüber der Amtskirche. Luther prangerte alle Formen von Bigotterie an, besonders den Ablasshandel. Im »Turmzimmererlebnis« überkam ihn die Erkenntnis, dass die Gnade Gottes dem

Martin Luther, porträtiert von dem ebenfalls in Wittenberg lebenden Maler Lucas Cranach d. Ä.

Einzelnen nur direkt zuteilwerden kann und die kirchlichen Autoritäten dabei keine Rolle spielen. Durch Thesenpapiere, die er an Fachkollegen verteilte – ob er die 95 Thesen wirklich an der Wittenberger Schlosskirche anschlug, ist zweifelhaft –, gewann sein Kampf an Schärfe.
1521 wurde Luther exkommuniziert und für vogelfrei erklärt. Sein Förderer, Kurfürst Friedrich der Weise, versteckte ihn auf der Wartburg, wo Luther noch im selben Jahr das Neue Testament ins Deutsche übersetzte und damit zugleich zum einflussreichsten deutschen Sprachschöpfer wurde. Die Strahlkraft seiner Persönlichkeit war ein wichtiger Faktor am Beginn der Reformation.

1508 bis zu seinem Tod 1546 bewohnte Martin Luther, von kurzen Unterbrechungen abgesehen, das ehemalige Konventhaus der Augustiner in der Collegienstraße in Wittenberg. Heute beherbergt das Lutherhaus ein reformationsgeschichtliches Museum (großes Bild).

Die Wartburg über dem thüringischen Eisenach ist nicht nur hinsichtlich Lage und Architektur der Inbegriff einer Burg, sondern wie kaum ein anderer Wehrbau auch ein herausragender Symbolort deutscher Geschichte, der schon im 19. Jahrhundert als nationales Denkmal galt.

Jahr der Ernennung: 1999

»Wart', Berg, du sollst mir eine Burg werden!«, soll Ludwig der Springer 1067 beim Anblick des Wartberges ausgerufen haben. 1080 wird die Wartburg dann erstmals erwähnt, und in ihrem Schutz entwickelte sich Eisenach, das bald zum Zentrum der Landgrafschaft Thüringen wurde.
Landgraf Hermann I. (gestorben 1217) baute die Wehrburg zu einem repräsentativen Sitz aus. Die Gedichtsammlung über den Sängerkrieg – den Wettstreit zwischen den Minnesängern des Hochmittelalters, darunter Wolfram von Eschenbach und Walther von der Vogelweide – inspirierte viele Dichter und Musiker, so auch den Komponisten Richard Wagner zu seiner Oper »Tannhäuser«. Martin Luther lebte 1521/22 als vermeintlicher »Junker

Jörg« unter dem Schutz des Kurfürsten Friedrich der Weise auf der Burg. Hier begann er mit der Übersetzung des Neuen Testamentes aus dem Griechischen und leistete damit einen wichtigen Beitrag zur Entwicklung der deutschen Schriftsprache.
Zur Zeit des Wartburgfestes 1817, als sich dort die deutschen Burschenschaften versammelten, war die Burg weitgehend verfallen. Erst in der zweiten Hälfte des 19. Jahrhunderts wurde die weiträumige Anlage mit den zahlreichen Gebäuden aus sieben Jahrhunderten wiederhergestellt. In den zwei Höfen finden sich schöne Fachwerkhäuser aus dem 15./16. Jahrhundert, imposante Gebäude im neuromanischen und neugotischen Stil und als ältester Teil der Anlage ein spätromanischer Palas. Sängersaal, Rittersaal, die Kemenate und die Kapelle der 1235 heiliggesprochenen Elisabeth versetzen den Besucher in die Zeit des Hochmittelalters zurück. Die Lutherstube ist fast unverändert geblieben, nur der Tintenklecks an der Wand, der entstanden sein soll, als Luther angeblich das Tintenfass nach dem Teufel geworfen hat, ist nicht mehr zu sehen. In den Museumsräumen befinden sich Kunstwerke aus der Sammlung der Wartburg, darunter Gemälde von Lucas Cranach d. Ä.

Ganz links im Bild der romanische Palas sowie der Bergfried (großes Bild). Bildleiste von oben: In der Lutherstube hatte Luther das Neue Testament übersetzt; Palastfestsaal; Wandteppich.

Weimar, ein kleines thüringisches Städtchen an der Ilm, avancierte im späten 18. und frühen 19. Jahrhundert zu einem Zentrum deutscher Geistesgrößen. Hier nahm eine der bedeutendsten europäischen Kulturepochen ihren Ausgang, die »Weimarer Klassik«, mit Goethe und Schiller als deren Hauptrepräsentanten.

Jahr der Ernennung: 1998

Mit den Worten »Wo finden Sie auf einem engen Fleck noch so viel Gutes?« lockte Johann Wolfgang von Goethe seinen späteren Privatsekretär Eckermann nach Weimar. Diesem folgten Wieland, Herder und Schiller, und sie alle machten die bis dahin eher unbedeutende Provinzstadt für einige Jahrzehnte zum kulturellen Mittelpunkt Deutschlands.

Goethes Haus am Frauenplan war schon 1709 von einem Strumpffabrikanten erbaut worden. 1782 bezog Goethe es als Mieter, lebte hier bis 1786 und dann – nach seiner Rückkehr aus Italien – erneut von 1789 an. In dieser Zeit ließ der Dichterfürst das Gebäude im italienischen Stil umbauen. Das »berühmteste Gartenhaus der Welt«, in dem der Dichter von 1776

bis 1782 ohne Unterbrechung wohnte, steht im Park an der Ilm.
In dem 1726 im Stil des Barock erbauten und nach ihm benannten Haus residierte Herder mit seiner Familie von 1776 bis 1803. In der spätgotischen Stadtkirche wirkte er als Hofprediger.
Im Stadtschloss mit dem charakteristischen Turm sind die Weimarer Kunstsammlungen untergebracht. 1774 zog die Herzogin Anna Amalia in das Wittumspalais, das zum Schauplatz berühmter Tafelrunden wurde. Auch aus dem Rittergut Tiefurt machte die Herzogin einen bedeutenden Treffpunkt der Weimarer Gesellschaft. Schloss Ettersburg am Nordrand des Ettersbergs war zu Goethes Zeiten die Sommerresidenz des Herzogs. Der eindrucksvolle Park wurde nach Vorschlägen von Fürst Pückler-Muskau gestaltet. Das Rokokoschloss Belvedere (Baubeginn 1724) war zunächst als Jagdresidenz der Herzöge geplant.
Die Herzogin-Anna-Amalia-Bibliothek im »Grünen Schloss« (1563), eine der wertvollsten Büchersammlungen der deutschen Klassik, wurde 2004 bei einem verheerenden Brand schwer beschädigt, Tausende Bücher verbrannten. Das historische Bibliotheksgebäude mit dem prächtigen Rokokosaal wurde bis 2007 restauriert und dann wieder der Öffentlichkeit zugänglich.

Einer der weltweit schönsten Bibliotheksräume ist der Rokokosaal der Herzogin-Anna-Amalia-Bibliothek (großes Bild). Im Stil des Rokoko präsentiert sich Schloss Belvedere (kleines Bild).

Dichter und Denker

Wenn die Rede auf Weimar kommt, mag so manchem an der jüngeren Geschichte interessierten Zeitgenossen zunächst jene Verfassung in den Sinn kommen, die im August 1919 von der Nationalversammlung im örtlichen Theater verabschiedet wurde. Ungleich heller erstrahlt freilich der Glanz, den Anna Amalia anno 1772 der Stadt verlieh. Die Herzogin aus dem Hause Braunschweig hatte als Erzieher ihrer Prinzen Christoph Martin Wieland an den Hof geholt und mit diesem im Wittumspalais und in Schloss Tiefurt alsbald einen literarischen Kreis um sich versammelt. Bald berief der Sohn der Herzogin Carl August auch Herder und Goethe nach Weimar. 1799 folgte Schiller. Gemeinsam begründeten diese großen Dichter und Denker den Weimarer Kreis und mit ihrem Schaffen den Ruhm ihrer Wahlheimat als die Stadt der deutschen Klassik.

Das Denkmal von Goethe und Schiller vor dem Deutschen Nationaltheater in Weimar

Doch blieb es den beiden Letzteren vorbehalten, zu Zugpferden des heutigen Kulturtourismus zu avancieren. Der Hauptpilgerort in Weimar ist naturgemäß das Goethehaus am Frauenplan, in dem der Geheimrat 47 Jahre lang lebte. Der schlichte Barockbau ist bis heute original ausgestattet – mit zahlreichen antikisierenden Elementen und damals modernem Mobiliar. Authentisch nachgestellt ist auch die Einrichtung des Schillerhauses in der Schillerstraße, das zusätzlich ein dem Dichter gewidmetes Museum beherbergt. Das Goethe- und Schiller-Archiv verwaltet neben rund 120 anderen Archivbeständen auch den Nachlass der beiden Geistesheroen.

Friedrich Schiller bezog 1802 ein spätbarockes Wohnhaus am heutigen Schillerplatz (unten links); Schillers Schreibtisch (unten rechts). Goethes Arbeitszimmer (großes Bild) enthält heute noch teils authentisches Mobiliar. Historisches Interieur zeigen auch Goethes Wohnhaus mit Bibliothek und Juno-Zimmer (ganz unten rechts) sowie das Gartenhaus (ganz unten links).

Ein länderübergreifendes Welterbe und ein Vorzeigeprojekt für die deutsch-polnische Zusammenarbeit im Kulturbereich ist der Landschaftspark von Bad Muskau. Hermann Fürst von Pückler-Muskau schuf hier 1815 bis 1844 ein über 700 Hektar großes Gartenreich, in dem er »Landschaftsmalerei« mit echten Pflanzen betrieb.

Jahr der Ernennung: 2004

Hermann Fürst von Pückler-Muskau ist heute nur mehr als Fürst-Pückler-Eis bekannt. Er selbst hatte damit aber nichts zu tun. Ein Konditormeister namens Schulz benannte seine Kreation aus Erdbeer, Schokolade und Makronen nach dem Fürsten. Dieser war eine der skurrilsten Figuren des 19. Jahrhunderts: Dandy und Frauenheld, Abenteurer und Schriftsteller, vor allem aber ein Landschaftsgärtner. Seine ironisch-zynischen Reiseberichte waren in der ersten Hälfte des 19. Jahrhunderts Bestseller.
Allerdings hielt Pückler selbst nicht viel von seinen Büchern. Ein einziges lag ihm am Herzen – die »Andeutungen über die Landschaftsmalerei«. Darin beschrieb er Planung und Anlage seines Parks in Muskau. Die Anre-

gung zu einem Park im englischen Stil erhielt Pückler in England, wo er sich 1815 ein Jahr lang aufhielt.

Der Fürst-Pückler-Park liegt heute zu einem Drittel in Deutschland und zu zwei Dritteln in Polen dies- und jenseits des Grenzflusses Neiße. Über eine Brücke kann man zwischen den Parkteilen und Ländern wechseln. Auf deutscher Seite besteht die Anlage aus Schloss-, Bade- und Bergpark, auf polnischer aus Unterpark, Arboretum und Braunsdorfer Feldern. Zum Park zählen ferner mit der Landschaft harmonierende Bauten wie das Alte und das Neue Schloss, eine von Semper erbaute Orangerie, ein Tropenhaus und eine Kirchenruine. Der Park ist ein Vorbild für die spätere Landschaftsarchitektur in Europa und Amerika.

Der Fürst-Pückler-Park in Muskau an der Neiße ist ein idyllisches Gartenreich im englischen Stil aus Gehölzen, Wiesen, Wasserflächen und Blumenbeeten (kleines Bild unten). Fürstlich präsentiert sich das Neue Schloss (großes Bild) und auch Schloss Branitz, das zwischen 1770 und 1772 erbaut wurde (links).

Einzigartige Kulturlandschaft im Dresdner Elbtal

Von Schloss Pillnitz im Südosten bis Schloss Übigau im Nordwesten von Dresden erstreckt sich im Elbtal über 18 Kilometer hinweg eine unvergleichliche Kulturlandschaft. Zum Bereich der Welterbestätte, der im Jahr 2004 in die Liste aufgenommen und 2009 gestrichen wurde, gehörten Weinberge, Elbwiesen und -auen, Wasserburgen, Schlösser und Parks ebenso wie das Ensemble der barock geprägten Dresdner Altstadt.

Unter August dem Starken (1694–1733) wurde Dresden zu einer Stadt von europäischem Rang ausgebaut. Im Umland ließ der Kurfürst Schlösser errichten, die er vom Fluss aus erreichen konnte. Als Vorbild dienten ihm Venedig und das Brentagebiet – Orte und Gegenden, die er auf seiner Kavalierstour durch Europa kennengelernt hatte. Die breiten Elbwiesen blieben als Kulisse für Schlösser erhalten, wie etwa Pillnitz und Übigau. Das Schloss Pillnitz im Südosten, ein »indianisches Lustgebäude« samt Pagodendächern, Sphingen, Treppenkaskaden und geschwungenen Terrassen, ist der Auftakt einer Abfolge von Palästen, Parks, Wäldern und Weinhängen. Weiter gegen Westen folgt die Altstadt von Dresden mit Zwinger, Semperoper, Hof- und Frauenkirche, Residenzschloss, Kunstakademie und Brühl'scher Terrasse sowie Kunstsammlungen wie etwa dem Grünen Gewölbe. Zum Weltkulturerbe zählten auch technische Denkmäler wie das »Blaue Wunder«, eine historische Hängebrücke zwischen den Stadtteilen Blasewitz und Loschwitz. Das Barockschloss Übigau, das August der Starke bereits während der Bauarbeiten erwarb, bildete den Abschluss des weitläufigen Welterbebereichs.

Ein Glockenspiel aus Meißener Porzellan schmückt die Fassade des Glockenspielpavillons zum Zwingerhof.

Barockbauten und klassizistische Gebäude prägen auch heute das Stadtbild Dresdens. Von der Elbe aus bietet sich ein wunderschöner Blick auf die Brühl'sche Terrasse mit Kunstakademie, Ständehaus, Hofkirche und Semperoper (großes Bild). Im Hintergrund präsentiert sich die wiedererrichtete Frauenkirche (ganz links im Bild).

ZECHE ZOLLVEREIN IN ESSEN

Bergbau und Schwerindustrie sind heute im Ruhrgebiet weitgehend Geschichte. Zurück bleiben die Kathedralen der Industriekultur – gigantische Fördertürme, Maschinenhallen, Hochöfen. Eines der imposantesten Monumente ist die ehemalige Essener Zeche Zollverein.

Jahr der Ernennung: 2001

Zollverein Schacht XII wird von vielen als »die schönste Zeche der Welt« bezeichnet. Die seinerzeit größte und modernste Steinkohleförderanlage der Welt wurde von Fritz Schupp und Martin Kremmer in Anlehnung an den Bauhausstil entworfen. Die beiden Architekten ordneten den Industriekomplex in zwei Achsen an und gestalteten ihn harmonisch durch, streng nach den Prinzipien der Symmetrie und der Geometrie. Im Jahr 1986 wurde die Zeche Zollverein stillgelegt, nach dem Niedergang der Stahlindustrie folgte 1993 auch die Schließung der angebundenen Kokerei. Der gesamte Industriekomplex steht heute unter Denkmalschutz und wird für Ausstellungen und Konzerte genutzt. Für den Erhalt des Industriedenkmals

wurde 1998 die Stiftung Zollverein gegründet. Zeche und Kokerei, noch im Originalzustand, sind ein lebendiger Besichtigungsort zur Geschichte des Bergbaus und zur Industriearchitektur. Entlang des Museumspfads im Zollverein kann man die Entwicklung der Schwerindustrie abschreiten. Der Museumspfad führt durch die Gebäude der ehemaligen Sieberei und der Kohlenwäsche, vorbei an Maschinen und Förderbändern, die den einst so beschwerlichen Arbeitsalltag in Lärm und Staub anschaulich werden lassen. Der Komplex beherbergt ferner das Ruhr Museum (seit 2008), in dem die Geschichte des Ruhrgebiets präsentiert wird, sowie im von Sir Norman Foster umgestalteten ehemaligen Kesselhaus das »red dot design museum«, das zeitgenössischem Design gewidmet ist.

Die Übertageanlage der Zeche Zollverein, mit der Kohlenwäsche (Bild unten), wurde Ende der 1920er-Jahre im Bauhausstil errichtet; die stillgelegte Anlage wirkt im Abendlicht fast surreal. Links: Das »Ruhr Museum« bietet eine große Sammlung zur Geologie und Archäologie.

Der Dom St. Peter und Maria in Köln wurde trotz der rund 600 Jahre währenden Bauzeit weitgehend stilrein in der Formensprache der Hochgotik errichtet. Erst 1880 wurde die drittgrößte Kathedrale der Welt mit den beiden 157 Meter hoch aufragenden Türmen vollendet.

Jahr der Ernennung: 1996

Der Kölner Dom, 145 Meter lang, 45 Meter breit und im Hauptschiff 43 Meter hoch, gehört zu den größten Kirchen der Christenheit. Das Gotteshaus wurde nach dem Vorbild französischer Kathedralen entworfen, Umgänge und Raummaße jedoch auf die große Zahl der Pilger ausgerichtet, die die Reliquien der Heiligen Drei Könige aufsuchten. Die Pläne für die monumentale Westfassade stammen von 1310. Bis 1559 entstanden Chor, Querschiff, Langhaus und der Stumpf des Südturms. Seine heutige Gestalt erhielt der Dom 1842 bis 1880.
Der Innenraum der fünfschiffigen Basilika mit Umgangschor und Kapellenkranz misst über 6000 Quadratmeter; 56 Pfeiler tragen das Dach. Mit dem Dreikönigsschrein von Nikolaus von

Verdun beherbergt der Kölner Dom ein Meisterwerk der rheinischen Goldschmiedekunst. Der Chorumgang birgt das berühmte Dombild von Stephan Lochner (1440) und das romanische Gerokreuz aus dem 10. Jahrhundert. Das große Chorgestühl mit 104 Sitzen stammt aus dem 13. Jahrhundert. Zudem besitzt der Dom eine der reichsten Schatzkammern Deutschlands.

Die Türme des unweit vom linken Rheinufer gelegenen Kölner Doms dominieren die Silhouette der Altstadt (links). Unten rechts: Blick ins Kirchenschiff mit den hohen Gewölben, die von filigranen Strebepfeilern und Bogen getragen werden. Unten links: Portal der Südfassade mit den Bronzetüren von Mataré.

KÖLNER DOM, SCHREIN DER HEILIGEN DREI KÖNIGE

Der von der Werkstatt Nikolaus' von Verdun 1190 bis 1220 geschaffene Dreikönigsschrein – er soll die Gebeine der Heiligen Drei Könige enthalten, die hier mit Maria auf der Vorderseite dargestellt sind (großes Bild) – besteht aus einem Eichenkorpus und ist prächtig geschmückt mit getriebenen Figuren aus vergoldetem Silber, Filigranplatten mit Edel- und Halbedelsteinen, Gemmen, Kameen und Emailschmelz.

Biblische Motive zieren die Seiten- und Giebelwände des Schreins (großes Bild und links). Papst Benedikt XVI. betet im August 2005 am Weltjugendtag vor dem Schrein im Dom (ganz links).

AUGUSTUSBURG UND FALKENLUST IN BRÜHL

Das kurfürstliche Schloss Augustusburg und das Jagdschloss Falkenlust zählen zu den wichtigsten Bauwerken des Spätbarock und Rokoko im Rheinland. An der Ausgestaltung der repräsentativen Bauten waren namhafte Künstler aus Österreich, Bayern, darunter etwa Balthasar Neumann, Italien und Frankreich beteiligt.

Jahr der Ernennung: 1984

Schloss Augustusburg, zwischen Bonn und Köln gelegen, wurde ab 1725 als Residenz für Kurfürst Clemens August errichtet. Johann Conrad Schlaun, François de Cuvilliés und Dominique Girard schufen hier ein Gesamtkunstwerk, das den Stilwandel vom Barock zum Rokoko dokumentiert. Die Ausstattung der prunkvollen Repräsentationsräume ist von erlesenster Qualität. Das Gartenareal, zu dem sich alle Räume hin öffnen, verleiht der Residenz den Charakter eines Lustschlosses. Das ab 1729 nach Plänen von Cuvilliés und Leveilly erbaute Schloss Falkenlust diente der Falkenjagd, die der Kurfürst leidenschaftlich betrieb. Die Räumlichkeiten haben eher privaten Charakter, sind jedoch nicht weniger prächtig ausgeführt.

Erst im harmonischen Zusammenspiel mit dem Barockgarten entfaltet Schloss Augustusburg seine ganze Anmut und Schönheit (großes Bild). Schloss Falkenlust, 1733 fertig gestellt, fiel 1794 in die Hände Französischer Revolutionstruppen (kleines Bild links). 1807 gelangte es für einige Zeit in den Besitz des deutschen Diplomaten Karl Friedrich Reinhard.

Der Aachener Dom ist nicht nur ein bedeutendes Denkmal karolingischer Baukunst, sondern auch ein Symbolort deutscher Geschichte par excellence. Von 936 bis 1531, von Otto I. bis Ferdinand I., ließen sich hier 31 deutsche Könige krönen. Den Grundstein für den Dom legte Kaiser Karl der Große mit dem Bau der Pfalzkapelle.

Jahr der Ernennung: 1978

Die um das Jahr 800 geweihte Pfalzkapelle wurde nach Plänen von Odo von Metz auf oktogonalem Grundriss erbaut. Unter der später mit Mosaiken versehenen Kuppel zieht sich ein zweigeschossiger Umgang um den Innenraum. Die Ausgestaltung des Doms orientierte sich an römischen ebenso wie an byzantinischen Vorbildern und ist Ausdruck des umfassenden Machtanspruchs Kaiser Karls des Großen. In den folgenden Jahrhunderten wurden mehrere An- und Umbauten nötig, um Platz für die aufwendigen Krönungszeremonien, aber auch für die vielen Pilger zu schaffen, die zum Grab Karls des Großen drängten. Besonders beeindruckend sind die Monumentalfenster des im 15. Jahrhunderts eingeweihten gotischen Hal-

lenchors, durch den der Zentralbau der Kapelle nach Osten hin aufgebrochen wurde. In der Mitte des Chorraums steht der von 1200 bis 1215 entstandene kostbare Karlsschrein. Die Kapelle selbst hat 1200 Jahre lang ihr Gesicht im Wesentlichen bewahren können. Der Aachener Domschatz birgt das wertvollste Reliquiar nördlich der Alpen.

Der Aachener Dom wirkt von außen eher unauffällig (ganz links). Eindrucksvoll aber ist die Innenausstattung, etwa der byzantinisch beeinflusste Mittelbau (unten) oder der gotische Chor (links: Blick durch das Oktogon). Auf dem Kaiserthron auf der westlichen Empore über dem Oktogon wurden seit 936 die deutschen Herrscher gekrönt (kleines Bild unten rechts).

Herrscher des Abendlandes

Karl I. wurde schon zu Lebzeiten (um 742/748–814) »der Große« genannt. Sein Lebenswerk bestimmte über Jahrhunderte hinweg in wesentlichen Zügen die politische Entwicklung in dem Gebiet, das später einmal als Deutschland bezeichnet werden sollte. Karl hielt im Norden die Sachsen, im Südosten die Bayern und in Norditalien die Langobarden in Schach und integrierte sie in das Reich. Indem Papst Leo III. den Frankenkönig zum römischen und zugleich deutschen Kaiser machte, erhob er die Einheit von Kirche und Reich zur herrschenden Doktrin. Karls weitreichendste Leistung aber war die Konsolidierung des Reiches nach innen durch eine Fülle von Reformen. Er schuf mit den Mark-, Land- und Pfalzgrafen ein System ihm untergebener Regionalherren, die genau definierte Rechte und Pflich-

Bildnis Karls des Großen von Albrecht Dürer

ten hatten, ordnete die gesamte Verwaltung und »erfand« dabei das Beamtentum, erneuerte zudem das Justizwesen und die Rechtsprechung. Es war ein Aufbruch, der sich auch in der Kultur bemerkbar machte, weshalb diese Zeit auch als karolingische Renaissance bezeichnet wird. Karl starb 814 in Aachen und liegt in der Pfalzkapelle des Doms begraben.

Darstellungen und Reliquien Karls des Großen sind ein Schwerpunkt des Aachener Domschatzes: Karlsbüste (1349) und Karlsschrein (1215) mit den sterblichen Überresten Karls (unten Mitte und links).

OBERES MITTELRHEINTAL

Als »Kulturlandschaft von großer Vielfalt und Schönheit« präsentiert sich das Obere Mittelrheintal. Zum Gesamteindruck trägt nicht nur die malerische Flusslandschaft bei, sondern auch ein außerordentlicher Reichtum kulturhistorischer Zeugnisse aus vielen Jahrhunderten.

Jahr der Ernennung: 2002

Das Obere Mittelrheintal ist im Süden begrenzt durch das linksrheinische Bingen und das rechtsrheinische Rüdesheim, im Norden durch Koblenz. In diesem 65 Kilometer langen Abschnitt des malerischen Durchbruchstals des Rheins – aufgrund des günstigen Klimas schon von alters her Weinbaugebiet – haben sich erstklassige Baudenkmäler in einer Fülle und Dichte erhalten, wie sie sonst kaum in einer anderen deutschen Kulturlandschaft anzutreffen sind.

Seit zwei Jahrtausenden ist das Rheintal einer der wichtigsten Verkehrswege für den kulturellen Austausch zwischen der Mittelmeerregion und dem Norden Europas. Mit seinen rebenbewachsenen Talhängen, den auf schmalen Uferleisten gedrängten Dör-

fern und Städtchen sowie einer Vielzahl von Höhenburgen gilt das Tal als Inbegriff der romantischen Rheinlandschaft, die vor allem im 19. Jahrhundert Literaten, Maler und Musiker inspiriert hat. Höhepunkte sind das an der Mündung der Nahe und oberhalb des Binger Lochs gelegene Bingen mit dem Mäuseturm (13. Jahrhundert), die gut erhaltenen historischen Stadtbilder der alten Weinbauorte Rüdesheim und Bacharach, der mächtige Loreleyfelsen, die ehemalige Reichsstadt Boppard mit dem besterhaltenen Römerkastell Deutschlands, das an der Moselmündung gelegene Koblenz sowie die Burgen Rheinstein, Reichenstein, Marksburg, Rheinfels, Katz und die auf einer Rheininsel bei Kaub erbaute Burg Pfalzgrafenstein.

Burgen, Pfalzen und romantische Städtchen bestimmen das Bild des Oberen Mittelrheintals. Links: Burg Kaub, großartig im Wasser gelegen; unten: Bis heute scheint in Bacharach mit der Burg Stahleck die Zeit stehen geblieben zu sein. Kleines Bild unten rechts: die Burg Klopp, erbaut zwischen 1240 und 1277; darunter: Burg Rheinfels bei St. Goar.

BACHARACH

1840 bereiste der französische Schriftsteller Victor Hugo die Gegend und schwärmte : »Wenn die Sonne die Wolkendecke durchdringt und ihr Licht durch eine Luke am Himmel lächelt, gibt es nichts Hinreißenderes als Bacharach«.

Auf einem Bergsporn in 160 Metern Höhe über dem Rhein thront Burg Stahleck (links, unten). Zwischen dem 13. und 19. Jahrhundert in Wittelsbacher Besitz, musste die Ruine gemäß den Bestimmungen des Wiener Kongresses 1815 an Preußen abgetreten werden. Ab 1925 wurde sie zur Jugendburg wieder aufgebaut und beherbergt heute eine Jugendherberge.

In der ältesten Stadt Deutschlands, vom römischen Kaiser Augustus gegründet, finden sich einige der besterhaltenen antiken Bauwerke nördlich der Alpen. Das antike Trier war mit 80 000 Einwohnern eine der größten Städte des Römischen Reichs. Zum Weltkulturerbe zählen ferner der Dom und die benachbarte Liebfrauenkirche.

Jahr der Ernennung: 1986

Die Porta Nigra, ein monumentales Stadttor mit zwei halbkreisförmig hervortretenden Türmen, das auf das 2. Jahrhundert zurückgeht, ist das Wahrzeichen von Trier. Von Augusta Treverorum, dem antiken Trier, einst Hauptstadt der römischen Provinz Belgica prima, sind außerdem noch die Kaiser- und Barbarathermen sowie Reste des 20 000 Menschen fassenden Amphitheaters erhalten. In der Aula Palatina, einst Teil des kaiserlichen Palastes, residierte 306 bis 312 Kaiser Konstantin der Große. Der romanische Dom St. Peter östlich des Marktes stammt in seinen ältesten Teilen aus dem 4. Jahrhundert, er ist damit eine der ältesten Kirchen Deutschlands. Zerstörung, Wiederaufbau und Umgestaltung wechselten sich ab, bis der

Bau im 11. und 12. Jahrhundert seine heutige Gestalt erhielt. Wichtigste Reliquie ist der »Heilige Rock« – ein Stück der Tunika Jesu. In seinem reichen Domschatz birgt er bedeutende Werke ottonischer Kunst. Die benachbarte, um 1270 vollendete Liebfrauenbasilika gilt als ein Juwel frühgotischer Architektur und bildet mit dem Dom eine Doppelkirchenanlage.

Großes Bild: Blick durch den Dom auf den Ostchor mit Hochaltar und Schwalbennestorgel von 1974. Die Außenansicht (ganz unten rechts) zeigt die Westfassade. Blick auf St. Gangolf und den Marktplatz (unten rechts). Zeugnis römischer und romanischer Baukunst ist die Porta Nigra, das antike Stadttor (links).

Der unter Kaiser Konrad II. errichtete Dom von Speyer war zur Zeit seiner Erbauung das größte Gotteshaus des christlichen Abendlandes. Als Begräbnisstätte vieler salischer, staufischer und habsburgischer Herrscher kommt der romanischen Basilika auch eine hohe symbolische Bedeutung zu.

Jahr der Ernennung: 1981

Die Geschichte der alten Kaiserstadt geht auf eine römische Gründung im 1. Jahrhundert zurück. Speyer wurde im 6. oder 7. Jahrhundert Bischofssitz. Anfang des 11. Jahrhunderts ließ Kaiser Konrad II. den Speyerer Dom als Grablege der Salier errichten. Der heute sechstürmige Dom St. Maria und St. Stephan wurde 1061 im Todesjahr von Konrads Enkel Heinrich IV. geweiht. Dieser hatte das Gotteshaus bis dahin erheblich erweitern lassen, um gegenüber dem Papst seinen politischen Machtanspruch zu demonstrieren – ein Konflikt, der dann in den Investiturstreit münden sollte. Die 1039 fertiggestellte Krypta zählt zu den größten und schönsten der Welt. Von hier aus hat man Zugang zu 16 Herrschergräbern, darunter die Grabstät-

ten von vier salischen Kaisern. Während des Pfälzischen Erbfolgekrieges kam es 1689 zu schweren Zerstörungen. So sind in der Krypta nur noch die Reste der von den Franzosen geplünderten Grabstätten zu sehen. Napoleon rettete die Kirche vor dem Abriss. 1772 begann der Wiederaufbau der Kathedrale. Doch erst die Renovierungen nach dem Zweiten Weltkrieg gaben dem Dom seine strenge Würde zurück, die sich hinter den Bauteilen des 19. Jahrhunderts versteckte.

Der Kaiserdom beeindruckt durch seine strengen romanischen Formen (links). Die Krypta des Doms (unten rechts) präsentiert sich als Säulenhalle mit Kreuzgratgewölben aus gelben und roten Sandsteinquadern. Unten links: das Hauptschiff.

Die Völklinger Hütte ist ein eindrucksvolles Denkmal des Industriezeitalters, das für die untergegangene Ära der Stahl- und Eisenproduktion im Saarland steht. 1881 von dem Industriellen Röchling gegründet, setzte sie gut ein Jahrhundert lang technische Maßstäbe bei der Eisenverhüttung, bevor sie 1986 stillgelegt wurde.

Jahr der Ernennung: 1994

Kernstück dieser Kathedrale des Industriezeitalters, die weltweit die einzige noch vollständig und weitgehend originalgetreu erhaltene Eisenhütte ist, sind die zwischen 1882 und 1916 errichteten Hochöfen, von denen jeder täglich bis zu 1000 Tonnen Roheisen erzeugen konnte. Das Erz und die Kohle wurden auf ausgedehnten Gleisanlagen transportiert, die das über sieben Hektar große Areal durchziehen. Die 1897 errichtete Kokerei lieferte den Koks zum Betreiben der Hochöfen. Beeindruckend sind die gewaltigen Gebläsemaschinen, mit denen auf über 1000 Grad Celsius erhitzte Pressluft in die Hochöfen gedrückt wurde. Sehenswert sind auch die Handwerkergasse und der Völklinger Hüttenbahnhof von 1893.

Die Völklinger Hütte war im 19. und 20. Jahrhundert eines der technisch innovativsten deutschen Hüttenwerke (großes Bild). Die kompakte Hochofengruppe mit ihren sechs Hochöfen (links) und die weltweit einzigartigen Schrägaufzüge zum Transport von Eisenerz und Koks bilden seit mehr als 100 Jahren eine imposante Silhouette im Saartal. In der Gebläsehalle erzeugten einst Gebläsemaschinen mit riesigen Schwungrädern (ganz unten) große Mengen Wind für die Hochöfen. Damit konnte die Temperatur in den Hochöfen auf bis zu 2000 Grad gesteigert werden.

Die Grube Messel, das erste deutsche Naturdenkmal der UNESCO, gilt als eine der bedeutendsten Fossilienfundstätten der Erde. Im Explosionstrichter eines Maars wurden aufgrund von Sauerstoffabschluss und Sedimentation rund 50 Millionen Jahre alte Fossilien konserviert.

Jahr der Ernennung: 1995

Die 65 Hektar umfassende Grube bei Darmstadt lief einige Jahre lang Gefahr, zur Mülldeponie zu verkommen, wurde aber dann in letzter Minute unter Schutz gestellt. Die Ölschieferschichten enthalten eine große Zahl gut konservierter Fossilien, die fast lückenlos Auskunft geben über die klimatischen, biologischen und geologischen Verhältnisse in unseren Breiten in der erdgeschichtlichen Epoche des Eozäns. Eine Zeit vor 60 bis 36 Millionen Jahren, als sich die Tier- und Pflanzenwelt nach dem Aussterben der Dinosaurier zu verändern und sich allmählich die uns heute bekannte Flora und Fauna herauszubilden begann. Damit liefert die Fossillagerstätte einzigartige Hinweise auf die frühe Evolution der Säugetiere.

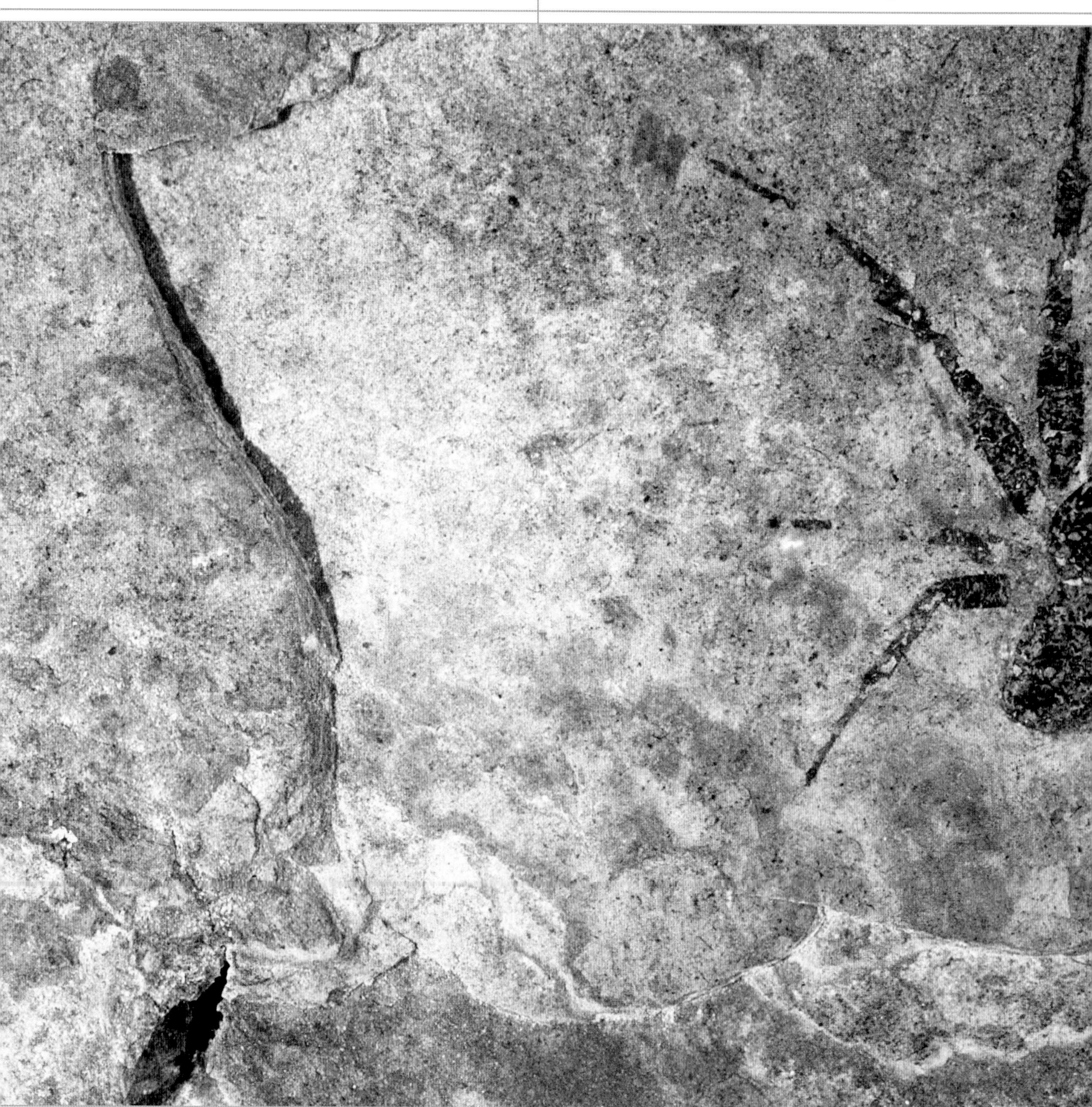

Zu den spektakulärsten Funden gehören die Überreste von über 70 Urpferden, darunter mehr als 30 vollständige Skelette. Von anderen Wirbeltieren blieben Skelette mit Weichteilkonturen und Mageninhalten erhalten. Die Funde lassen auch Rückschlüsse auf Phänomene wie Kontinentaldrift, Landbrücken, Sedimentation aber auch Ausdehnung der Biosphäre zu.

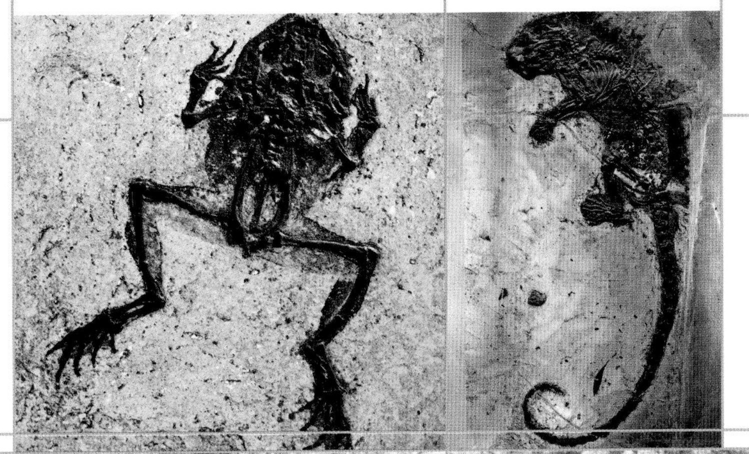

Wie in einem steinernen Bilderbuch treten die bis zu 50 Millionen Jahre alten Fossilien urzeitlicher Insekten, Reptilien, Vögel und Säugetiere in den Ölschieferplatten von Messel zutage. Das Spektrum reicht von der Radnetzspinne (großes Bild) über Urpferd, Palaeopython und Vogel (Bildleiste unten, von links) bis zum Frosch und Nagetier (Bilder links).

Die Torhalle der ehemaligen Benediktinerabtei von Lorsch ist das einzige vollständig erhaltene Baudenkmal aus karolingischer Zeit. Unweit des in das 9. Jahrhundert zu datierenden Baus wurden in Altenmünster Reste der ursprünglichen Klosteranlage ausgegraben.

Jahr der Ernennung: 1991

Die prachtvolle Königshalle in dem kleinen Ort zwischen Darmstadt und Worms ist zusammen mit den Ruinen einer 70 Meter langen romanischen Basilika und weiteren Ruinen das Relikt einer der größten Abteien des Frankenreichs. Unter der Herrschaft Pippins des Kurzen (751–768) von Gaugraf Cancor und seiner Mutter Williswinda gegründet, war das Kloster ab Ende des 9. Jahrhunderts die Begräbnisstätte der Könige des ostkarolingischen Reiches. 1090 durch Feuer zerstört und im 12. Jahrhundert wiederaufgebaut, entwickelte sich die Abtei bis zum 13. Jahrhundert zu einem der reichsten Klosterzentren des Spätmittelalters.
Mit der Übernahme durch das Erzbistum Mainz verlor die Abtei den größ-

ten Teil ihrer Privilegien. 1557 kam mit der Reformation das Ende der Abtei, ihre Gebäude wurden 1621 bis auf die heutigen Überreste abgetragen.
Im nahen Altenmünster finden sich die Reste des Urklosters, das erstmals 764 erwähnt wird, drei Jahre später jedoch nach Lorsch verlegt wurde. Im 11. Jahrhundert wurde hier eine Propstei eingerichtet.

Die karolingische Torhalle von Lorsch (unten links) wurde im Lauf eines Jahrtausends mehrfach umgebaut, der bunte Fassadenschmuck blieb jedoch fast unverändert erhalten (unten rechts). Freskengeschmückt zeigen sich die Innenwände (links). Im Lapidarium der Kirchenruine steht der Sarkophag eines ostfränkischen Karolingers (ganz links).

GRENZEN DES RÖMISCHEN REICHS

Die grenzüberschreitende Welterbestätte »Grenzen des Römischen Reichs« wird gebildet vom obergermanisch-rätischen Limes sowie dem Hadrianswall in Nordengland und dem Antoninuswall in den schottischen Lowlands. Mit rund 550 Kilometern Länge ist der Limes das größte archäologische Kulturdenkmal Europas.

Jahr der Ernennung: 1987; Erweiterung: 2005, 2008

Auf dem Höhepunkt ihrer Machtentfaltung versuchten die Römer die Grenzen ihres Imperiums durch großdimensionierte Befestigungsanlagen abzusichern. Auf der britischen Hauptinsel waren dies der Hadrians- und der Antoninuswall, in Germanien der Limes. Der Grund für diesen aufwendigen Schutzwall war in Germanien die Niederlage der Römer gegen die Cherusker im Jahr 9 n. Chr. in der Varus-Schlacht bei Kalkriese. Rom fürchtete daraufhin, dass die Germanen weiter nach Westen vordringen und ihre Gebiete an Rhein, Mosel und Donau gefährden könnten. Daher begannen die Römer im 1. Jahrhundert mit dem Bau einer Grenzbefestigung, die vom Rhein (nahe dem heutigen Neuwied) über Bad Ems, Saalburg, Seligenstadt,

Miltenberg, Lorch, Aalen, Weißenburg bis an die Donau (heutiges Neustadt in Bayern) reichte. Für den obergermanisch-rätischen Limes wurden Waldschneisen gerodet, Gräben ausgehoben, Palisadenzäune und bis zu drei Meter hohe Mauern, 120 Kastelle und 900 Wachtürme errichtet. Das Welterbe umfasst diese Grenzlinie und die unmittelbar dort befindlichen Militäreinrichtungen inklusive der angeschlossenen zivilen Einrichtungen. Der Limes war jedoch mehr als ein Wall gegen Eroberer. Im Schutz seiner Kastelle und Legionslager entstanden zivile Siedlungen – die Vorgänger heutiger Städte. Hier mischte sich römische Kultur mit keltisch-germanischer. Bis 260 hielt die Grenze, dann fiel sie unter dem Ansturm der Alemannen.

Hunderte von Türmen bewachten einst den obergermanisch-rätischen Limes. Mauerreste sowie – nicht immer originalgetreue – Rekonstruktionen von Türmen (Vetoniana, großes Bild; unten rechts) und Meilensteinen (links) zeugen noch heute vom Verlauf des Grenzwalls.

KLOSTERANLAGE MAULBRONN

Obwohl bereits um 1530 säkularisiert, ist die Zisterzienserabtei Maulbronn die am vollständigsten erhaltene mittelalterliche Klosteranlage nördlich der Alpen. Der Sage nach soll hier ein Maultier an einer Quelle seinen Durst gelöscht haben. Die Mönche sahen dies als Zeichen des Himmels und gründeten an dieser Stelle das Kloster.

Jahr der Ernennung: 1993

Zwölf Mönche aus dem Elsass begannen einst in der Abgeschiedenheit des Salzachtals in der Nähe von Karlsruhe mit dem Bau eines Klosters nach dem Vorbild von Zisterzienserabteien in Burgund. Fast 400 Jahre lang lebten und wirkten dort Mitglieder des Ordens und schufen eine der schönsten Klosteranlagen Deutschlands. Die Besinnung auf die ursprünglichen monastischen Ideale führte zu neuen architektonischen Lösungen, die jeden Prunk vermieden.

In den Gebäuden vereinen sich romanische und gotische Baustile. So wurde die 1178 geweihte dreischiffige Pfeilerbasilika im 15. Jahrhundert durch spätgotische Einwölbungen erweitert. Der sich anschließende Kreuzgang, dessen südlicher Teil aus dem

13. Jahrhundert stammt, besitzt eine Brunnenkapelle aus dem 14. Jahrhundert mit einem interessanten Gewölbefresko. Die Klostervorhalle, »Paradies« genannt, wurde 1220 vollendet und steht am Übergang von der Romanik zur Gotik. Das Herrenrefektorium, der Speisesaal der Priestermönche, ist ein Bau von besonderer Klarheit und Schönheit. Der zweischiffige Saal beeindruckt durch das ausgewogene, rhythmische Zusammenspiel von Pfeilern, Deckengewölbe und hohen Rundbogenfenstern. In ihrer Geschlossenheit gewährt die weitläufige Anlage insbesondere durch die gut erhaltenen Wirtschafts- und Wohngebäude einen detaillierten Einblick in das asketische Klosterleben der Zisterzienser.

Romanische und gotische Stilelemente sowie Fachwerkbauten im Innenhof der Anlage (kleines Bild unten) bestimmen das Erscheinungsbild von Kloster Maulbronn: Blick durch das Mittelschiff der Klosterkirche (großes Bild); an den längsten Tagen des Jahres wird die Dornenkrone am Kruzifix von der Sonne angestrahlt; links: das Brunnenhaus.

KLOSTERINSEL REICHENAU

Mit ihren drei gut erhaltenen Klosteranlagen ist die Insel Reichenau im Bodensee ein einzigartiges Zentrum monastischer Kultur aus dem frühen Mittelalter. Die Schlichtheit der romanischen Bauten wirkt in der bisweilen melancholisch anmutenden Landschaft besonders faszinierend.

Jahr der Ernennung: 2000

Die Gründung der ersten Abtei auf der Reichenau geht auf den Wanderbischof und Abt Pirmin zurück. Er richtete hier um 724 ein benediktinisches Kloster ein, das sich zu einem geistigen Zentrum des Abendlandes entwickelte. Die Reste dieser alten Anlage verweisen auf eine einfache Saalkirche mit nördlich angrenzenden Konventsgebäuden.

In der karolingischen Zeit beginnt die wechselvolle Baugeschichte des Mittelzeller Marienmünsters, das 816 unter Abt Heito erstmals geweiht und bis zum 11. Jahrhundert fortwährend umgebaut wurde. In seiner heutigen Gestalt handelt es sich um eine strenge Pfeilerbasilika mit doppelten Querhäusern und einem imposanten Westbau aus dem 11. Jahrhundert.

Die spätkarolingische Abteikirche St. Georg in Oberzell ist eine schlichte Säulenbasilika mit kostbaren ottonischen Wandmalereien aus dem 10. Jahrhundert. Auf beiden Langhauswänden sind oberhalb der Arkaden in jeweils vier großformatigen Szenen die Wundertaten Christi dargestellt. Dieser auf antiken und karolingischen Vorlagen basierende Zyklus ist ein einzigartiges Dokument frühmittelalterlicher Kunst in Europa. Die 1080 bis 1134 errichtete Abteikirche St. Peter und Paul in Niederzell ist eine querschifflose Säulenbasilika mit einer interessanten, aus drei Apsiden bestehenden Chorlösung. Die mittlere Hauptapsis ziert ein Freskenprogramm aus dem 12. Jahrhundert mit Christus als zentralem Motiv der Apsiswölbung.

Farbige Fresken, die auf die Zeit um 1000 datiert werden, schmücken das Langhaus von St. Georg in Oberzell (unten links). Außen dominiert der Vierungsturm die Basilika (links). Auch die Chorapsis von St. Peter und Paul in Niederzell ist reich mit Fresken aus dem späten 11. Jahrhundert bemalt (unten rechts).

PRÄHISTORISCHE PFAHLBAUTEN RUND UM DIE ALPEN

Einblicke in die Lebensweise vor 7000 Jahren vermitteln die Pfahlbauten in Deutschland, Österreich, der Schweiz, Frankreich, Italien und Slowenien.

Jahr der Ernennung: 2011

Die außergewöhnlich gut erhaltenen prähistorischen Pfahlbausiedlungen entstanden im Zeitraum zwischen 5000 und 500 v. Chr. an Seen, Flüssen und in Mooren. Bevorzugt wurden Standorte mit guten Ackerböden, ausreichender Frischwasserversorgung an geografischen Kreuzungspunkten von Handelswegen. Deshalb finden sich bei Konstanz, Bodman-Ludwigshafen und Unteruhldingen die größten Siedlungskonzentrationen in prähistorischer Zeit. Mithilfe der Dendrochronologie, einer Datierungsmethode anhand der Jahresringe von Bäumen, lassen sich die Funde an den Grabungsorten sehr genau datieren. Sie geben Aufschluss über das Alltagsleben ihrer Bewohner und liefern viele wertvolle Hinweise zum wirtschaftlichen Austausch und zur technischen Innovationsfähigkeit. So kann etwa der Übergang von der Kupfer- zur Eisenverarbeitung exakt nachvollzogen werden. Neben Einbäumen wurden auch die ältesten Wagenräder (um 3000 v. Chr.) und Textilien in Europa ausgegraben. Gut konservierte organische Überreste liefern Informationen zu Landwirtschaft und Viehzucht. Von

den 111 Fundstellen, die das Weltkulturerbe umfasst, liegen 18 in Deutschland – am Bodensee (erste Rekonstruktionen gab es hier ab 1922), in Oberschwaben, südlich von Augsburg und am Starnberger See. Standortvorteile boten die Pfahlwohnungen hinsichtlich des Fischfangs, der Abfallentsorgung, des Transports und Handels und einer Schutzfunktion vor Feinden.

Nirgendwo sonst lässt sich die Entwicklung von der Jungsteinzeit zur Metallzeit so gut verfolgen wie bei diesen Pfahlbausiedlungen; hier die rekonstruierten Häuser in Unteruhldingen (unten und links). Die Haltbarkeit der Häuser lag in der Stein- und Bronzezeit bei ca. zehn bis 15 Jahren, selten auch bis zu 30 Jahren.

ALTSTADT VON BAMBERG

Die alte Bischofs- und Kaiserstadt, einst auf sieben Hügeln erbaut, weist den größten vollkommen erhaltenen Altstadtkern Deutschlands auf. In einer Konzentration wie sonst kaum anderswo finden sich hier zwischen den Flussläufen der Regnitz historische Gebäude aus nahezu allen Stilepochen von Mittelalter und Neuzeit.

Jahr der Ernennung: 1993

Erstmals 902 urkundlich erwähnt, wurde Bamberg 1007 unter Kaiser Heinrich II. Bischofssitz. Die zu dieser Zeit über der alten Burg erbaute Bischofskirche wurde im 13. Jahrhundert durch einen viertürmigen Dom ersetzt, der zu den schönsten Bauten des Mittelalters zählt. Unter den vielen Schätzen im Inneren sticht die von Tilman Riemenschneider gearbeitete Deckplatte am Grabmal Heinrichs II. und seiner Gemahlin hervor. Das Denkmal des Bamberger Reiters entstand um 1240. Im Westchor findet sich mit dem Marmorgrab Klemens' II. das einzige Papstgrab Deutschlands. Bischofssitz war die ebenfalls auf dem Domhügel erbaute Alte Hofhaltung (1571–1576). Das Abteigebäude des 1009 gegründeten Benediktinerklos-

ters auf dem Michaelsberg wurde 1742 von Balthasar Neumann geschaffen. Die Bürgerstadt im Tal betritt man durch das zuletzt im 18. Jahrhundert umgebaute Alte Rathaus auf der Oberen Brücke über der Regnitz. Unter den mittelalterlichen Gebäuden der Altstadt beeindrucken die Fachwerkbauten der einstigen Fischersiedlung »Klein-Venedig«.

Ein turmreiches Panorama bietet Bamberg mit dem viertürmigen Dom, der Benediktinerabtei Michaelsberg im Hintergrund und dem Alten Rathaus rechts im Vordergrund (großes Bild). Prächtig präsentiert sich der Kaisersaal der Neuen Residenz mit seinen Fresken von Melchior Steidl, die 16 überlebensgroße Kaiserbildnisse zeigen (links).

ALTSTADT VON BAMBERG
ALTES RATHAUS

Für ihr Rathaus hatten die Bamberger im 14. Jahrhundert einen ungewöhnlichen Platz gefunden und es auf eine künstliche Insel in der Regnitz gebaut (unten und rechts). Die Längsseite ist mit prächtigen Fassadenmalereien ausgestattet.

In gleicher Weise, wie das Bamberger Rathaus die beiden Stadtteile, die Bergstadt (das geistliche Zentrum) und die Inselstadt (das bürgerliche Zentrum) miteinander verbindet, vereint es zwei unterschiedliche Baustile: der Fachwerkbau des Rottmeisterhäuschens südlich des Torturms steht im Kontrast zum Barockbau im Norden der Anlage.

Der Dom (rechts) birgt kunsthistorische Schätze: Der Kirchgattendorfer Altar von 1510 zeigt Maria mit Katharina von Alexandrien und der heiligen Barbara (unten links); der Bamberger Reiter gilt als frühestes Reiterstandbild seit der Antike (unten rechts).

Der Bamberger Dom St. Peter und St. Georg gehört zu den deutschen Kaiserdomen. Ab 1004 entstand der erste Dom, eine dreischiffige doppelchörige Pfeilerbasilika. Nach einem Brand erfolgte im 13. Jahrhundert die Errichtung eines großartigen Neubaus, in dem sich die Wende von der Spätromanik hin zur Gotik in mehreren Bauabschnitten nachvollziehen lässt.

Die Würzburger Residenz ist ein überragendes Bauwerk der Barockarchitektur. Für Konzeption und Ausführung zeichnete Balthasar Neumann verantwortlich, und eine Reihe weiterer bedeutender Baumeister und Künstler waren an der Ausgestaltung beteiligt.

Jahr der Ernennung: 1981

Der Bau der Residenz wurde 1720 vom Fürstbischof Johann Philipp Franz von Schönborn initiiert. In der Gestaltung vereinen sich durch den Einfluss des Baumeisters Maximilian von Welsch und des Wiener Architekten Johann Lukas von Hildebrandt barocke Stilelemente aus ganz Europa, die von Balthasar Neumann meisterhaft in die mainfränkische Formensprache übertragen wurden. Das Herzstück ist der Kaisersaal. Dessen Fresken und das monumentale Deckengemälde im Treppenhaus wurden von Tiepolo angefertigt. Eine besondere Kostbarkeit ist der restaurierte Spiegelsaal. Vielleicht war es aber auch der Keller, den die Fürstbischöfe am meisten schätzten, denn dort lagerten bis zu 1,4 Millionen Liter Wein.

Die Würzburger Residenz ist ein Bau der Superlative. Putten und Stuckmarmor schmücken den von Balthasar Neumann gestalteten prachtvollen Innenraum der Hofkirche mit ihrer geschwungenen Empore (großes Bild). Ein rundes Wasserbassin mit einem Monolithen aus Tuffstein beherrscht den Südgarten (links), der einen Teil des Hofgartens bildet.

Baumeister des Barock

Als Kanonengießer und Militäringenieur ausgebildet, war Neumann als Architekt weitgehend Autodidakt, dabei jedoch immer lernbereit, offen für Neues – und ungemein begabt. In Würzburg, wohin er als 24-Jähriger ging, hatte er das Glück, in den Fürstbischöfen derer von Schönborn Mäzene zu finden, die sein Talent erkannten und ihn systematisch förderten. Schon sein Erstlingswerk, die ab 1721 an den Würzburger Dom als Grablege angebaute Schönborn-Kapelle, zeigte frühe und vollendete Perfektion. Auch klingen hier bereits die Leitideen an, die Neumann zeit seines Lebens immer wieder aufgriff: die Rotunde als Grundform; die Arkade, die den Raum nach mehreren Richtungen hin öffnet und, der Raumkurve folgend, im Grundriss ebenfalls gebogen ist; dazu als häufig wiederkehrendes Element Säulenpaare, die Arkaden und andere Raumelemente flankieren und betonen.

Balthasar Neumann (Porträt von M. F. Kleinert, 1727)

Zu den herausragenden Kirchenbauten, die Neumann schuf, gehören die Wallfahrtskirche in Vierzehnheiligen, die Wallfahrtskirche zur Heiligsten Dreifaltigkeit in Gößweinstein, die Kirche der Abtei Neresheim, die Wallfahrtskirche »Käppele« in Würzburg, die Peterskirche in Bruchsal und die Hofkirche der Würzburger Residenz. Auf andere Weise einzigartig ist das Treppenhaus der Residenz: Ohne Stützen spannt sich das flache Gewölbe über einen Raum von 600 Quadratmetern, eine riesige Fläche, die Tiepolo kongenial mit einem Fresko bemalte.

Die Würzburger Residenz ist das Hauptwerk Neumanns: Treppenhaus mit Deckenfresko von Tiepolo (großes Bild; Detail mit Porträt Neumanns, links), Grüner Salon, Spiegelkabinett, Hofkirche (links).

MARKGRÄFLICHES OPERNHAUS BAYREUTH

Bayreuth hat neben den Wagner-Festspielen auch eines der schönsten Barocktheater Europas zu bieten: Mit diesem Lieblingsprojekt machte Markgräfin Wilhelmine die kleine Residenzstadt zur strahlenden Kulturmetropole.

Jahr der Ernennung: 2012

Das Prachtstück eines barocken Opernhauses ließ das Markgrafenpaar Friedrich und Wilhelmine von Brandenburg-Kulmbach in den Jahren 1746 bis 1750 erbauen. Das Gebäude mit der klassizistischen Fassade entwarf der Bayreuther Hofarchitekt Joseph Saint-Pierre, den Innenausbau übernahmen Giuseppe Galli Bibiena und sein Sohn Carlo, die zu ihrer Zeit als die führenden Theaterarchitekten Europas galten. Der reich dekorierte Innenraum mit drei Logenreihen wurde ganz aus Holz gefertigt. Markgräfin Wilhelmine, die Schwester Friedrichs des Großen, wirkte auch als Bühnenautorin und Komponistin und leitete das Theater als Intendantin. Als sie im Jahr 1758 starb, wurde der regelmäßige Spielbetrieb eingestellt. Diesem

Umstand ist es wohl zu verdanken, dass der Bau nicht einem Feuer zum Opfer fiel wie viele Theater damals, die oft durch die Kerzenbeleuchtung in Brand gerieten. So ist es das einzige Opernhaus aus der Zeit des Übergangs vom Hof- zum bürgerlichen Theater, das im Originalzustand erhalten ist und in dem sich erfahren lässt, wie sich Aufführungen damals anhörten.

An Größe und Ausstattungspracht war das Markgräfliche Opernhaus zur Zeit seines Baus vergleichbar mit den ersten Adressen in Wien, Dresden, Paris oder Venedig. Der im höchsten Maß unversehrt gebliebene Zuschauerraum des Markgräflichen Opernhauses ist eines der schönsten Beispiele der barocken Inszenierungskunst.

ALTSTADT VON REGENSBURG MIT STADTAMHOF

Regensburg mit seinen Bürger- und Handwerkerhäusern, Kirchen und Klöstern bietet ein authentisches Bild einer andernorts längst untergegangenen mittelalterlichen Stadtkultur.

Jahr der Ernennung: 2006

Im Mittelalter erstand Regensburg aus den Ruinen eines Römerkastells, der Castra Regina. Herzog Arnulf von Bayern ließ zwischen 917 und 920 die gesamte westliche Vorstadt mit dem weitläufigen Areal der Abtei St. Emmeram ummauern. Beim Bau der ersten nachrömischen Stadtbefestigung nördlich der Alpen blieben die Handwerkerviertel zuerst ausgeschlossen, doch auch sie erhielten gegen Ende des 13. Jahrhunderts eine Stadtbefestigung. Die von 1135 bis 1146 errichtete Steinerne Brücke war lange Zeit der einzige gemauerte Donauübergang zwischen Ulm und Wien und sicherte Regensburg seinen Rang als bedeutendes Handelszentrum.

Die vielen erhaltenen romanischen und gotischen Patrizierburgen sowie große Bürgerhauskomplexe mit Geschlechtertürmen sind Beispiele für eine in dieser Dichte und in ihrem guten Zustand nördlich der Alpen einzigartige Architektur. Neben dem Bestand an frühen Steinbauten findet sich in Regensburg mit dem um 1250 datierten Wohnhaus Johannes Keplers auch das älteste vollständig erhaltene Holzhaus Deutschlands.

Die großen romanischen und gotischen Kirchenbauten und Klosteranlagen – das auf einem Heiligengrab errichtete Kloster St. Emmeram, die Alte Kapelle, Niedermünster, das von irischen Mönchen im Jahr 1090 gegründete Benediktinerkloster St. Jakob sowie der Dom als einziger von der französischen Kathedralgotik beeinflusster Kirchenbau Bayerns – sind herausragende kunsthistorische Leistungen ihrer Zeit. Die Bettelordenskirchen der Minoriten und Dominikaner gelten als frühe architektonische Beispiele der sich verändernden Glaubenshaltung im späten Mittelalter. Regensburg war im Mittelalter ein wichtiges politisches Zentrum des Heiligen Römischen Reichs Deutscher Nation. 1542 trat die Freie Reichsstadt offiziell zum Protestantismus über und kämpfte im Dreißigjährigen Krieg als Garnisonsstadt gegen Bayern. Sie litt unter Plünderungen und wirtschaftlichem Niedergang, blieb jedoch von größeren Katastrophen weitgehend verschont. Das Welterbeareal entspricht der Ausdehnung Regensburgs zur Zeit der letzten mittelalterlichen Stadterweiterung um 1320.

Der Dom St. Peter und Steinerne Brücke sind die Wahrzeichen von Regensburg (unten). Die Steinerne Brücke war rund 800 Jahre lang die einzige Donaubrücke der Stadt und für die Handelsmetropole von strategischer Bedeutung. Der Dom (Innenansicht, ganz links) wurde ab Ende des 13. Jahrhunderts im Stil der Hochgotik errichtet; links: Im Inneren der Basilika St. Emmeram.

WALLFAHRTSKIRCHE »DIE WIES«

Die Wallfahrtskirche zum Gegeißelten Heiland, rund 20 Kilometer nordöstlich von Füssen vor der Kulisse der Ammergauer Alpen bei Steingaden gelegen und besser bekannt als Wieskirche, ist ein bedeutendes Beispiel bayerischer Rokokoarchitektur und gilt als das Hauptwerk des Wessobrunner Baumeisters Dominikus Zimmermann.

Jahr der Ernennung: 1983

1730 stellten die Mönche des Prämonstratenserklosters Steingaden für die Karfreitagsprozession ein Christusbildnis her, das später auf einem Bauernhof beim zum Kloster gehörenden Weiler Wies in den Herrgottswinkel gestellt wurde. Als der Heiland an der Geißelsäule dann plötzlich Tränen vergoss, wurde dieses Wunder Anlass für eine Wallfahrt, und so erteilte der Abt des Klosters den Auftrag zum Bau der vielleicht schönsten Rokokokirche Deutschlands. Man übertrug den Bau dem Architekten Dominikus Zimmermann, der bereits die Wallfahrtskirche in Steinhausen gebaut hatte. Zimmermann standen bekannte Künstler seiner Zeit zur Seite, darunter auch sein Bruder Johann Baptist, der den Innenraum ausmalte.

Der ovale Laienraum und der sich anschließende Chor wirken vor allem durch die gelungene Verbindung von Architektur und Dekoration, die eine gewaltige Licht- und Raumwirkung entfaltet. Von außergewöhnlicher Schönheit sind die Deckenfresken, die mit den hervorragenden Stuckarbeiten den zweigeschossigen Hochaltar mit dem Gnadenbild rahmen.

Die Stuckaturen im Chorraum der Wieskirche wurden von Dominikus Zimmermann geschaffen (großes Bild). Er verwendete dabei fast ausschließlich das plastische Ornament der Rocaille. Charakteristisch ist auch der fast ungehinderte Lichteinfalll. Von Weitem sichtbar liegt die Wieskirche auf einer kleinen Anhöhe im Pfaffenwinkel nahe Füssen (links).

KLOSTER ST. GALLEN

Mit der Ernennung zu einer Reichsabtei im 9. Jahrhundert begann die Blütezeit des Benediktinerklosters von St. Gallen. Damit war auch der Grundstein für die berühmte Stiftsbibliothek gelegt, und das Kloster wurde bald zu einem europaweit bekannten Ort der Gelehrsamkeit.

Jahr der Ernennung: 1983

Die Bauten der 1805 aufgelösten Abtei St. Gallen stammen vorwiegend aus der dritten Blütezeit (nach dem »Goldenen« und dem »Silbernen« Zeitalter vom 9. zum 11. Jahrhundert), die das Kloster ab dem 17. Jahrhundert erlebte. Die Stiftskirche St. Gallus und St. Otmar, ein Barockbau mit zentraler Rotunde, wurde 1755 bis 1765 errichtet und besticht durch ihre prächtige Ostfassade. Sie wurde von namhaften Künstlern mit reicher Ausstattung versehen. Im Westtrakt des Klosters befindet sich die Stiftsbibliothek mit über 150 000 Büchern, darunter zahlreiche mittelalterliche Handschriften. Der zweigeschossige Rokoko-Bibliothekssaal mit Deckengemälde und Stuckaturen ist einer der schönsten Bibliotheksbauten der Welt.

Der Rokokosaal der Stiftsbibliothek (unten links) von St. Gallen wurde 1758 von Peter Thumb, der auch die Klosterkirche erbaute, und Caspar Moosbrugger gestaltet. In den Räumen werden rund 2000 wertvolle mittelalterliche Handschriften aufbewahrt, so die Elfenbeintafeln und der Psalter von Notker Labeos, irisch-keltische Handschriften oder eine Abschrift des Nibelungenlieds. Barocke Stuckaturen und illusionistische Deckenmalereien sind ein Blickfang der Klosterkirche (links, unten rechts), deren Chorgestühl von Joseph Anton Feichtmayr stammt. Das heutige Erscheinungsbild der Klosteranlage geht auf das 18. Jahrhundert zurück.

Ein geschlossener mittelalterlicher Stadtkern mit kilometerlangen Laubengängen ist das Kennzeichen der an drei Seiten von der Aare umflossenen Hauptstadt der Schweiz.

Jahr der Ernennung: 1983

Am geschlossenen Bild der Berner Altstadt, einst der größte Stadtstaat nördlich der Alpen, lassen sich die einzelnen Erweiterungsschritte in ihrer chronologischen Abfolge gut erkennen. Kennzeichnend für das Zentrum sind die stattlichen Zunft- und Bürgerhäuser mit ihren insgesamt sechs Kilometer langen Laubengängen. Das spätgotische Münster St. Vinzenz wurde 1421 begonnen und erst 1573 vollendet; das prächtige Hauptportal stammt von Erhard Küng. Das Rathaus wurde von 1406 bis 1417 im spätgotischen Stil errichtet und 1942 erneuert. Die Heiliggeistkirche von 1729 gilt als der wichtigste protestantische Barockbau des Landes. Wahrzeichen der Stadt ist jedoch das ehemalige Stadttor Zytgloggeturm.

Unter der Vielzahl schöner historischer Wohngebäude sticht besonders das Ensemble in der Gerechtigkeitsgasse hervor, die Häuser stammen zum Teil noch aus dem 16. Jahrhundert. Sehenswert sind außerdem die Renaissancebrunnen Berns mit ihren Brunnenfiguren; drei von ihnen wurden von dem Freiburger Bildhauer Hans Gieng geschaffen.

Im Abendlicht entfaltet die Berner Altstadt eine ganz besondere Atmosphäre (links). Der Zytgloggeturm (hier mit der Kramergasse, unten links) verkündet mit seiner Glocke und dem beliebten Figurenspiel seit über 600 Jahren die Zeit. Einer der Berner Altstadtbrunnen aus dem 16. Jahrhundert ist der Simsonbrunnen in der Kramergasse. Die Figur stellt Simson dar, wie er einen Löwen packt, um ihn zu zerreißen (unten rechts).

LA CHAUX-DE-FONDS UND LE LOCLE: STADTLANDSCHAFT DER UHRENINDUSTRIE

Die Nachbarstädte repräsentieren eine Stadtplanung, die sich an den Entwicklungsbedürfnissen der zu Weltgeltung erlangenden Uhrmacherindustrie orientierte.

Jahr der Ernennung: 2009

Le Locles Stadtbild ist durch seinen Schachbrettgrundriss mit den Industrie- und Geschäftsbauten, den Wohnblöcken und seinen typischen kubischen Mietshäusern entlang den Straßen geprägt. Nach einem Brand im Jahr 1833 wurde nach dem Vorbild der Nachbarstadt La Chaux-de-Fonds dieser städteplanerische Grundriss in Le Locle übernommen. Die Stadt gilt als die Wiege der schweizerischen Uhrenindustrie und im 19. und 20. Jahrhundert bis ins Jahr 1970 blühte in beiden Städten die Uhrenindustrie. Mit dem Beginn dieses Industriezweigs wurde die Stadtplanung auf die Anforderungen der Produktion und das Alltagsleben der Handwerker ausgerichtet. Bis heute zeugt das Stadtbild davon und vermittelt eine ganz eigene Atmosphäre. Starke Dominanz auf die Uhren- und Zubehörherstellung brachte es mit sich, dass die Städte unter der Wirtschaftskrise in den 1970er-Jahren schwer litten; erst später fand eine Diversifizierung statt. Heute sind auch Branchen wie Präzisionsmechanik, Mikromechanik und Elektronik in den Städten, besonders in La Chaux-de-Fonds, angesiedelt.

Die Nachbarstädte, La Chaux-de-Fonds liegt auf fast 1000 Metern Höhe, weisen ein rechtwinklig angelegtes System von Ateliers, Manufakturen und Wohnhäusern für die Handwerker auf (großes Bild). Das Internationale Uhrenmuseum ist ganz der Geschichte der Zeitmessung gewidmet (Bilder links) und beherbergt 4500 Ausstellungsstücke, davon 2700 Uhren und 700 Wanduhren.

WEINTERRASSEN DES LAVAUX

Seit mindestens 1000 Jahren wird in der Terrassenlandschaft des Lavaux am Ufer des Genfer Sees Wein angebaut. Hier sind Dörfer entstanden, die die Entwicklung der Weinproduktion über die Jahrhunderte hinweg widerspiegeln. Die Landschaft gilt als eine der schönsten der ganzen Schweiz.

Jahr der Ernennung: 2007

Das Lavaux erstreckt sich rund 30 Kilometer weit an der Nordküste des Genfer Sees von den östlichen Außenbezirken von Lausanne bis zum Château de Chillon. Das Welterbe umfasst die Hänge nahe am See, die meist zwischen den Dörfern und dem Ufer liegen. Drei Sonnen, so meinen die Einheimischen, wärmen hier die Reben: die glühende Sonne des Tages, die Reflexion der Sonnenstrahlen durch die Wasseroberfläche des Sees und die tagsüber gespeicherte Sonnenwärme der Steinmauern, die nachts ihre Energie wieder abgeben. Die heutige Terrassenlandschaft geht auf Benediktiner- und Zisterziensermönche des 11. und 12. Jahrhunderts zurück. Man schätzt die Länge der Steinterrassen auf 400 bis 450 Kilo-

meter. Von den fast 900 Hektar des Kerngebiets sind gut 570 Hektar Weinberg. Angebaut wird hier der Gutedel, eine Rebsorte, die man in der Schweiz allgemein Chasselas nennt oder Fendant. Übrigens gelangte sie einst vom Genfer See ins Markgräflerland, wo sie heute als ortstypische Sorte gilt.

Die Weißweine des Lavaux machen nach schweizerischer Art eine zweite Gärung – die malolaktische – durch. Dabei wird die etwas spitze Apfelsäure in die mildere Milchsäure umgewandelt. Die Weine verlieren dabei an Säure und entwickeln einen charakteristischen Duft. Die 14 Gemeinden des Lavaux produzieren ausschließlich Weißwein mit den Appellations contrôlées Villette, Saint-Saphorin, Dézaley, Epesses und Chardonne.

Steil fallen die terrassierten Weinhänge des Lavaux zum Genfer See hin ab. See und Alpen bilden eine einzigartige Kulisse, in die sich die Weinberge dieser Region einfügen (Bilder unten). Besonders im Herbst entfalten die Rebstöcke hier ihre Farbenpracht. Links: Das Winzerstädtchen Saint-Saphorin.

ALPENREGION JUNGFRAU-ALETSCH-BIETSCHHORN

Mit der Region Jungfrau-Aletsch-Bietschhorn wurde erstmals ein Abschnitt der Alpen in die Liste des Weltnaturerbes aufgenommen.

Jahr der Ernennung: 2001
Erweiterung: 2007

Das Herz des steil aufragenden Gebirgsmassivs bilden die Berge Jungfrau, Mönch und Eiger. Bis auf rund 3500 Meter Höhe führt eine Zahnradbahn auf das Jungfraujoch. Sein Wahrzeichen ist die gläserne Kuppel des Observatoriums. Die Nordwand des Eiger (3970 Meter Höhe) in den Berner Alpen südwestlich von Grindelwald dagegen muss erklettert werden – seit ihrer Erstbesteigung 1938 ist sie mit ca. 1800 Meter Höhenunterschied eine der berühmtesten Nordwände der Alpen. Die Region ist mit ihren Schneefeldern auch Nährgebiet des Großen Aletschgletschers. Am »Konkordiaplatz« beim Jungfraujoch vereinigen sich Aletschfirn, Jungfernfirn und Ewigschneefeldfirn zum mit (noch) 23 Kilometer Länge größten Gletscher Europas, der im Zuge der Klimaerwärmung aber immer weiter schmilzt. An den Moränenflächen rund um den Eisstrom hat sich eine vielfältige Flora und Fauna angesiedelt. Im Naturschutzgebiet Aletschwald wächst die Arve, eine Baumart, die über 800 Jahre alt werden kann. Das Bietschhorn zeichnet sich an der Südseite durch sonnige, trockene Täler

aus, die sich fingerartig nach unten erstrecken und im Süden bis zum Rhônetal, im Norden bis zum Lötschental reichen. In der Walliser Felsensteppe sind seltene Tier- und Pflanzenarten heimisch, der heiße Steppenrasen wird nicht bewirtschaftet. Im Jahr 2007 wurde das Areal in westlicher und östlicher Richtung von 540 auf 820 Quadratkilometer erweitert.

Bilder, links und unten: Die markante Dreiergruppe von Eiger, Mönch und Jungfrau dominiert die Landschaft des zentralen Berner Oberlands. Die berühmte Eigernordwand fasziniert seit jeher Bergsteiger und Alpin-Laien gleichermaßen. Mit der Jungfraubahn kann man durch den Eiger bis zum Jungfraujoch fahren.

ALPENREGION JUNGFRAU-ALETSCH-BIETSCHHORN ALETSCHGLETSCHER

Vom »Top of Europe«, der Bergstation von Europas höchstgelegener Zahnradbahn auf dem Jungfraujoch (3454 Meter), bietet sich ein fantastischer Blick auf den hier entspringenden Großen Aletschgletscher und die Bergwelt des Berner Oberlands (großes Bild).

Seit dem letzten Vorstoß um 1860 schrumpft der 23 Kilometer lange und etwa 1,5 Kilometer breite Große Aletschgletscher. Im Zuge der Klimaerwärmung sind es momentan rund 50 Meter pro Jahr. Vom Eggishorn bietet sich ein grandioser Panoramablick über den Aletschgletscher und die umliegenden Berge (kleines Bild unten).

TEKTONIKARENA SARDONA

Die Tektonikarena Sardona umfasst eine 328 Quadratkilometer große Gebirgsregion mit sieben Gipfeln, die oberhalb von 3000 Metern liegen. Neben einer reichen Tier- und Pflanzenwelt sowie Biotopen und Geotopen gehört zu diesem Gebiet auch die Glarner Hauptüberschiebung, die auf einzigartige Weise eine Gebirgsentstehung verdeutlicht.

Jahr der Ernennung: 2008

Die Gebirgslandschaft um den 3056 Meter hohen Piz Sardona im Grenzgebiet der Kantone St. Gallen, Glarus und Graubünden zeugt von der Entstehung von Gebirgen durch die Kollision von Kontinentalplatten und den dabei wirksam werdenden tektonischen Kräften. Seit dem 19. Jahrhundert liefert die Region den Geowissenschaften wichtige Erkenntnisse über den Aufbau und die Entstehung der Alpen. Zentrales Element des Schutzgebiets ist die weithin sichtbare Glarner Hauptüberschiebung. Hier schob sich vor 20 bis 30 Millionen Jahren ein bis zu 15 Kilometer dickes, aus dem Vorderrheintal stammendes Gesteinspaket über jüngere Gesteinsschichten. Entlang der Überschiebungslinie ruhen 250 bis 300 Millionen Jahre alte

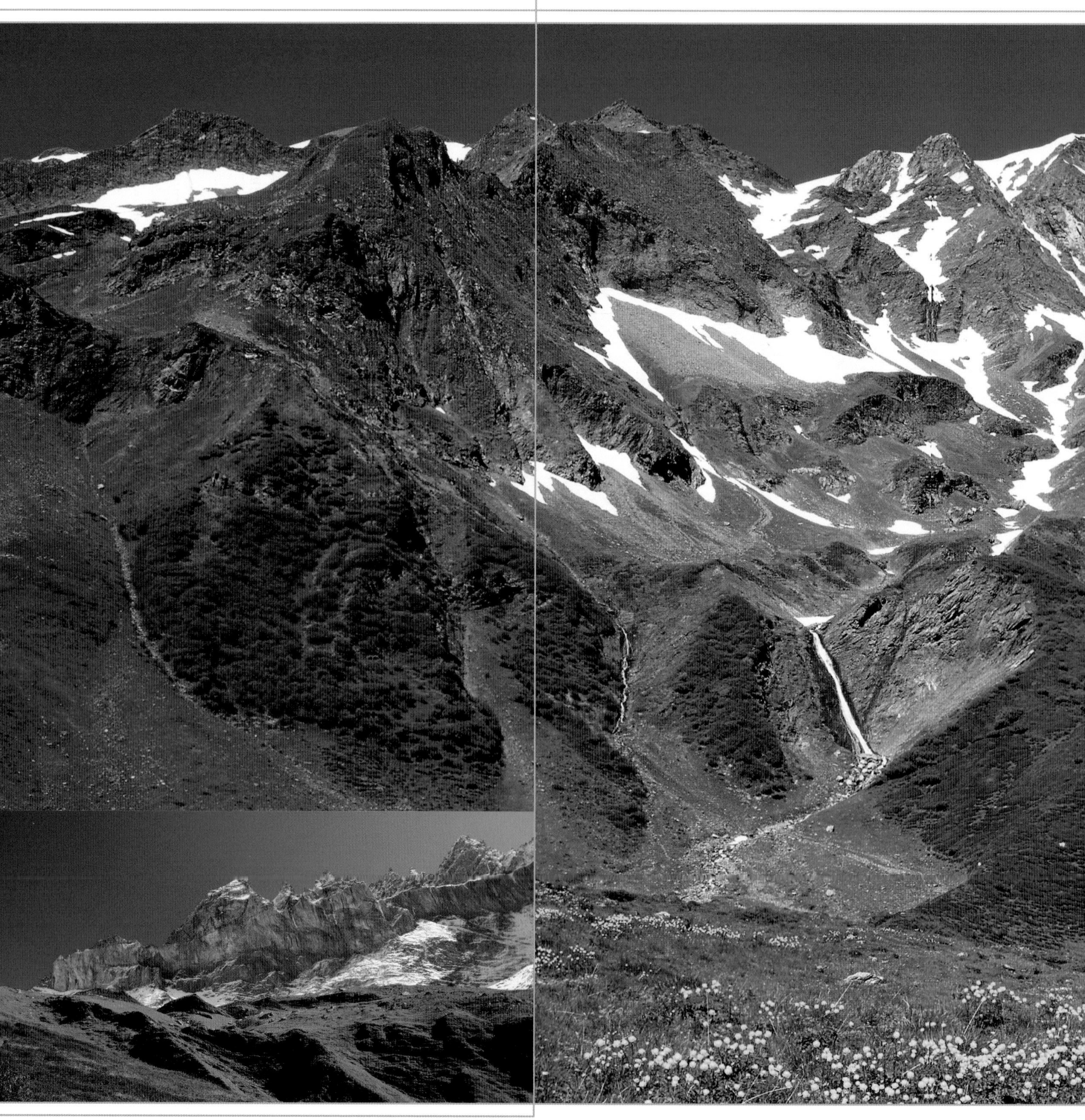

grünliche bis rötliche Verrucanogesteine auf 35 bis 50 Millionen Jahre alten bräunlichgrauen Flyschgesteinen. Die Überschiebungsfläche beginnt im Vorderrheintal, erreicht im Gipfelkamm von Hausstock, Sardona und Ringelspitz auf 3000 Metern Meereshöhe ihren Höhepunkt und sinkt dann in nördliche Richtung ab. Zur Tektonikarena Sardona gehören außerdem bedeutende Biotope, darunter Hochmoore und Schwemmebenen sowie die älteste Kolonie wiederangesiedelter Steinböcke in der Schweiz. Zu den Geotopen zählen das Martinsloch in den Tschingelhoren, das Kupferbergwerk auf der Mürtschenalp sowie die Segnesböden und die Landschaften im hinteren Murgtal, die von Gletschern der Eiszeit geformt wurden.

Die Arena erstreckt sich vor allem über hochalpine Landschaften. Auf dem Sardona-Welterbe-Weg lässt sich die Faszination der Gebirgszüge in sechs Tagen erwandern. Großes Bild: Blick über die Wiesen des Calfeisentals. Links: Das Martinsloch in der Felswand des Tschingelhorns. Unten links: Am Segnespass.

In der schönen alten tessinischen Stadt Bellinzona hat sich in Form eines ganzen Ensembles von Kastellen, der berühmten Tre Castelli, ein außergewöhnliches Beispiel mittelalterlicher Festungsarchitektur erhalten, die dem Stadtbild ein einzigartiges Gepräge gibt.

Jahr der Ernennung: 2000

Der Anlass für den Bau einer ganzen Kette von Festungen war, dass an dieser Stelle gleich mehrere Verbindungswege zwischen dem Norden und Italien, wie etwa die Übergänge über Nufen, Gotthard, Lukmanier oder San Bernardino, die Talenge des Südalpenflusses Ticino passieren mussten. Das größte der drei Kastelle von Bellinzona, das Castello Grande auf dem innerstädtischen Hügel, entstand im 13. Jahrhundert und wurde von den Mailänder Sforza-Herzögen zwischen 1486 und 1489 ausgebaut, um das Vordringen der Eidgenossen zu verhindern. In der zweiten Hälfte des 15. Jahrhunderts erhielt das am Talhang gelegene kleinere Castello di Montebello sein heutiges Aussehen, einschließlich der stufig abfallenden

Schutzmauern, die in die übrige Stadtbefestigung integriert sind. Um eine Umgehung des Ortes durch die Eidgenossen zu verhindern, wurde 230 Meter hoch über der Stadt auf dem südöstlich vorkragenden Bergrücken das Castello di Sasso Corbaro gebaut. Nach der Niederlage der Sforza in der Schlacht von Giornico wurde es 1479 in einem enormen Kraftakt innerhalb von nur sechs Monaten errichtet. Das strategische Abwehrsystem ergänzte man mit der Murata, einer fast fünf Meter breiten Mauer mit übereinander liegenden Doppelgalerien, die sich zum Fluss hinzieht. Alle Befestigungsmaßnahmen konnten nicht verhindern, dass das mehrmals heftig umkämpfte Bellinzona 1516 letztlich doch an die Eidgenossenschaft fiel.

Das Castello di Montebello (großes Bild) hier mit der Zugbrücke (links), eins der noch erhaltenen Tre Castelli von Bellinzona, bietet mit seinen mächtigen Mauern einen imposanten Anblick. Im Abendlicht illuminiert, versetzen die Bauwerke den Betrachter geradezu in die Vergangenheit.

Der pyramidenförmige Bergrücken des Monte San Giorgio gilt als die reichste Fundstätte von Fossilien aus der Erdperiode Trias vor 245 bis 230 Millionen Jahren. Hier wurden Versteinerungen zahlreicher Meerestiere gefunden, darunter auch solche von bis zu sechs Meter langen Sauriern.

Jahr der Ernennung: 2003

Der Monte San Giorgio an den südlichen Ausläufern des Luganer Sees ist noch immer ein ziemlich abgeschiedenes Gebiet. Nur wenige Landschaften der Südschweiz sind bis heute in einem so naturnahen Zustand erhalten. Seit Jahren ist der Wald auf dem 1096 Meter hohen Berg sich selbst überlassen und bietet zahlreichen seltenen Pflanzen eine Heimat. Berühmtheit erlangte der Berg jedoch vor allem als bedeutender Fossilienfundort. Keine Region in der Schweiz weist besser konservierte Fossilien auf.

Zu den spektakulärsten Funden zählen vorwiegend die meeresbewohnenden Reptilien wie etwa der Ticinosuchus und der Ceresiosaurus – »Ceresio« ist die einheimische Bezeichnung für den Luganer See. Denn vor über 200 Milli-

onen Jahren bildeten die Gesteine des Monte San Giorgio ein etwa 100 Meter tiefes Meeresbecken in einer damals subtropischen Region.
Die Funde liegen in fünf aufeinanderfolgenden Schichten, die lückenlos einen ganzen Abschnitt der Erdgeschichte dokumentieren. In dieser geologisch gesehen eher kurzen Zeitspanne wandelten sich Fauna und Flora so stark, dass man geradezu von einer Artenexplosion sprechen kann. Bis heute hat man die Überreste von 80 Fischarten, 40 Reptilienarten sowie von mehreren hundert wirbellosen Tieren gefunden. Da die Lagune, in der diese Tiere lebten, durch ein Riff von der Hochsee getrennt war und nahe am Festland lag, weist der Monte San Giorgio auch verschiedene Fossilien landbewohnender Tiere und Pflanzen auf. Sie sind übrigens vollständig erhalten und bestens konserviert. Einige der schönsten Funde können in einem kleinen Museum im Rathaus von Meride besichtigt werden. Der überwiegende Teil der außergewöhnlichen Funde befindet sich, gut nachvollziehbar, im Paläontologischen Museum der Universität Zürich.

Dieser rund 20 Zentimeter lange Pachypleurosaurus (großes Bild), ein Meeressaurier aus der Trias, zählt zu den Fundstücken von Monte San Giorgio. Dieses Exemplar kann im Museum des Paläontologischen Instituts Zürich besichtigt werden. Kleines Bild unten: der Luganer See mit dem Monte San Giorgio.

RHÄTISCHE BAHN IN DER KULTURLANDSCHAFT ALBULA/BERNINA

Die zur Schweiz und zu Italien zählende Welterbestätte umfasst die Bahnlinien Albulabahn und Berninabahn als technische Denkmäler sowie die sie umgebenden Landschaften.

Jahr der Ernennung: 2008

Linienführung, Architektur und Bautechnik machen die insgesamt gut 120 Kilometer lange Bahnstrecke zu einem einzigartigen Zeugnis des Gebirgsbahnbaus, das zugleich in besonderem Einklang mit der Schönheit der Alpen als Natur- und Kulturlandschaft steht. Die Bahnlinie liegt fast vollständig auf schweizerischem Gebiet und verläuft von den Bündner Alpen bis kurz hinter die schweizerisch-italienische Grenze. Die Albula- und Berninabahn waren jahrzehntelang ein wichtiges Rückgrat der Verkehrsinfrastruktur der Zentralschweiz. Sie erschlossen abgeschiedene Regionen und beeinflussten nachhaltig deren gesellschaftliche und wirtschaftliche Entwicklung. Die 62 Kilometer lange Albulalinie wurde 1904 in Betrieb genommen, und galt schon zur Zeit ihrer Entstehung als Meisterwerk. Sie führt von Thusis im Kanton Graubünden nach St. Moritz und überwindet rund 1000 Höhenmeter. Auf einer der architektonisch anspruchsvollsten Schmalspurbahntrassen der Welt fahren die Züge und passieren dabei 144 Viadukte und Brücken sowie 42 Galerien und Tunnels, darunter den 5,8 Kilometer lan-

gen Albulatunnel. Die 61 Kilometer lange Berninabahn wurde 1910 fertiggestellt und verbindet St. Moritz mit der italienischen Grenzstadt Tirano. Die Linie führt auf 2253 Meter Höhe über den Berninapass. Die Trasse umfasst 13 Tunnels und Galerien sowie 52 Viadukte und Brücken, weist Steigungen von bis zu sieben Prozent auf und ist die höchste Alpentransversale.

Großes Bild: Das Kreisviadukt nahe Brusio ist ästhetisch und zugleich sanft in die Strecke eingebettet und gilt geradezu als Wahrzeichen der Berninabahn. Bahn und Natur verschmelzen auf den Strecken immer wieder (links), und spektakuläre Blicke bietet das Landwasserviadukt auf der Albula-Linie (kleines Bild unten).

Mitten im Hochgebirge findet sich in einem Benediktinerinnenkloster ein für die einsame Lage unerwarteter Schatz: der größte erhaltene Bilderzyklus aus der karolingischen Zeit.

Jahr der Ernennung: 1983

In 1240 Meter Höhe liegt im Münstertal das Kloster St. Johann Baptist, das von Karl dem Großen um 785 als Männerkonvent gegründet wurde und als eines der schönsten Beispiele karolingischer Baukunst gilt. Um zwei Innenhöfe herum gruppieren sich die meist aus dem Mittelalter stammenden Klostergebäude. Kernstück der Anlage ist die 1200 Jahre alte Stiftskirche St. Johann, die gegen Ende des 15. Jahrhunderts in eine spätgotische Hallenkirche umgebaut wurde.
Äußerlich eher unscheinbar, birgt sie im Inneren den Schatz, der sie in den Rang des Weltkulturerbes erhebt: 90 originale Fresken aus der Gründungszeit des Klosters. Sie ziehen sich in fünf Friesen um den Innenraum herum und illustrieren Szenen aus dem Leben König Davids und Jesu Christi; an der Westwand wird das Jüngste Gericht dargestellt. Die drei Apsiden und die Ostwand der Kirche wurden zwischen 1165 und 1180 – aus dieser Zeit stammt auch die Statue Karls des Großen – übermalt, wobei der unbekannte Meister das Programm der karolingischen Fresken, mit dem Martyrium des heiligen Stefan, übernahm.

Zwischen Haupt- und Südapsis der Klosterkirche von Müstair bewacht eine aus dem 12. Jahrhundert stammende Statue des Konventsstifters Karl der Große die einzigartigen Bilderzyklen aus der Zeit um 800, die uns einen lebendigen Eindruck der Kunst frühmittelalterlicher sakraler Bilddarstellung vermitteln (unten links). Das Fresko in der Hauptapsis, das berühmteste Motiv des Zyklus, stellt das Gastmahl des Herodes mit der tanzenden Salome und dem Haupt Johannes des Täufers dar (unten rechts). Von außen erwecken die in hochalpiner Umgebung gelegenen romanischen und spätgotischen Bauten des Klosters einen wehrhaften Eindruck (links).

HISTORISCHES ZENTRUM VON SALZBURG

Als Barockjuwel präsentiert sich die Altstadt Salzburgs, in der durch Salzabbau reich gewordene Fürstbischöfe im 17. und 18. Jahrhundert prächtige Kirchen und Paläste errichteten.

Jahr der Ernennung: 1996

Von der Herrschaft geistlicher Fürsten, die einst Salzburg regierten, zeugen heute noch zahlreiche Sakralbauten. Zwei Erzbischöfe waren es, die das Bild der Stadt, die sich an den Mönchsberg und den Kapuzinerberg mit der Festung Hohensalzburg schmiegt, im 17. Jahrhundert vornehmlich prägten: Wolf Dietrich von Raitenau und Johann Ernst von Thun. Auf Raitenau geht die Barockisierung Salzburgs zurück, er ließ Baumeister aus Italien kommen, darunter Vincenzo Scamozzi, einen Schüler Palladios, und Santino Solari, dem Salzburg den Dom St. Rupert verdankt. Die helle Fassade und die mächtige achteckige Kuppel beherrschen noch heute die Salzburger Stadtsilhouette. Thun berief Fischer von Erlach nach Salzburg, der dort die Kollegien-, die Ursulinen- und die Dreifaltigkeitskirche erbaute. Auch prächtige weltliche Residenzen entstanden, so Schloss Mirabell mit seiner Orangerie und Schloss Hellbrunn, dessen Säle prachtvoll ausgemalt wurden. Charakteristisch für die Gassen der Altstadt sind die verschachtelten Innenhöfe der sogenannten »Durchhäuser«.

Über der vieltürmigen Silhouette Salzburgs mit dem Dom wacht die Festung Hohensalzburg (großes Bild unten). Ein Bummel durch die Judengasse (links) und natürlich durch die berühmte Getreidegasse (ganz links) gehört zu einem Salzburg-Besuch einfach dazu. In den mittelalterlichen Gewölben befinden sich heute auch kleine Läden, die zum Stöbern und Einkaufen einladen.

Salzburgs berühmtester Sohn

Wolfgang Amadeus Mozart, Musikant der Fürsterzbischöfe und Kaiser, Freimaurer, Kosmopolit, Spaßvogel und das »vielleicht größte Genie der bekannten Menschheitsgeschichte«, war an drei Orten zu Hause: In Wien erlebte er den Zenit seiner Karriere, in Prag wurde seine Musik am innigsten geliebt. Doch am meisten prägte ihn seine Geburtsstadt Salzburg. Hier nahm am 27. Januar 1756 sein viel zu kurzes Leben (er starb am 5. Dezember 1791 in Wien) seinen Anfang. Von hier aus ging er als Knabe mit seinem Vater Leopold mehrmals auf Europatournee, um Könige und Fürsten mit seinem Spiel zu »impressieren«. Und hier wurde er als 13-Jähriger zum Konzertmeister der Hofkapelle ernannt.

Wolfgang Amadeus Mozart (posthumes Bildnis von Barbara Krafft, 1819)

Vor allem aber komponierte er bis zur Entlassung aus erzbischöflichen Diensten 1781 in Salzburg nacheinander jene frühen Meisterwerke, die in ganz Europa stürmisch gefeiert wurden. Der »Meister aller Meister« (Friedrich Gulda) hat der Stadt an der Salzach zu weltweiter Berühmtheit verholfen. Sein Geburtshaus in der Getreidegasse, das Wohnhaus am Makartplatz, das Zauberflötenhäuschen im Garten des Mozarteums und sein Denkmal sind Weiheorte, zu denen jährlich Heerscharen von Verehrern aus aller Welt pilgern.

Mozarts Geburtshaus in der Getreidegasse Nummer 9 (großes Bild). In den originalen Räumen, heute ein Museum, befinden sich Instrumente, Urkunden, Möbel und Erinnerungsstücke (unten).

HISTORISCHES ZENTRUM VON SALZBURG SCHLOSS MIRABELL

Schloss Mirabell (großes Bild) in der heutigen Neustadt wurde 1606 von Fürsterzbischof Wolf Dietrich von Raitenau für seine Geliebte Salome Alt errichtet. Nach dem Umbau zur barocken Schlossanlage 1727 und der feuerbedingten Zerstörungen 1818 wurde es danach in klassizistischem Stil wiederaufgebaut. Der prächtige Marmorsaal ist heute ein beliebter Ort für Trauungen.

Der das Schloss Mirabell (unten) umgebende Mirabellgarten geht auf Fischer von Erlach zurück. 1730 wurde er zu einem Barockgarten umgestaltet, mit einer Betonung der Längsachse, die die Anlage auf Dom und Feste Hohensalzburg hin ausrichtet (links unten, im Hintergrund). Seine charakteristischen Elemente sind ein zentraler Brunnen und die historischen Figurengruppen.

Schloss Hellbrunn (rechts) im heutigen Stadtteil Morzg wurde 1615 nach Plänen von Santino Solari im Stil einer römischen Villa suburbana errichtet. Die Hauptattraktionen des Lustschlosses sind der Park und die weitläufigen Wasserspiele. Das Wasser war hier von Anfang an das bestimmende Gestaltungselement des Schlosses und ist es auch nach 400 Jahren bis heute noch.

Der prachtvolle Festsaal von Schloss Hellbrunn (unten) ist an den Wänden und an der gewölbten Decke mit allegorischen Darstellungen bemalt. Es handelt sich um Straßenszenen und 12 goldene Cesaren, die sehr plastisch dargestellt sind. Durch den dreidimensionalen Effekt meint der Betrachter, in einem Säulenhof zu stehen.

HALLSTATT-DACHSTEIN UND SALZKAMMERGUT

Einer ganzen Kultur lieh der kleine Ort Hallstatt im Salzkammergut seinen Namen, als bei Grabungen 1846 bis 1899 ein reich bestücktes Gräberfeld vom Beginn der Eisenzeit (800–500 v. Chr.) erschlossen wurde. Das Welterbe schließt aber auch die Gebirgslandschaft sowie die kulturhistorischen und architektonischen Zeugnisse der Region mit ein.

Jahr der Ernennung: 1997

Als Johann Georg Ramsauer 1846 im Schatten des Dachsteingebirges mit den ersten Grabungen zur Vorgeschichte in Mitteleuropa begann, gelangten Zehntausende Funde von unschätzbarem Wert ans Tageslicht, die den Übergang von der europäischen Bronzezeit zur frühen Eisenzeit dokumentieren. Berühmtheit erlangten vor allem die langen Schwerter von Hallstatt, die in der Frühzeit aus Bronze, später aus Eisen geschmiedet worden waren. Die Hallstattkultur war von Südosteuropa über das Alpengebiet sowie Süd- und Westdeutschland bis nach Südfrankreich hin verbreitet. Ihre Grundlagen waren die Steinsalzförderung, von der noch eine Salzmine bei Hallstatt zeugt, sowie der Abbau und die Verhüttung großer Eisenvorkom-

men. An diesen Orten des prähistorischen Bergbaus blühten reiche Wirtschaftszentren auf (was sich auch heute noch im architektonischen Erscheinungsbild zeigt), mit zunehmender sozialer Gliederung, die durch die in Hallstatt gefundenen Bestattungsformen belegt wird. Und all das liegt eingebettet in eine Hochgebirgslandschaft von einzigartiger Schönheit.

Links: Ein Schaugrab aus der Hallstattzeit im Salzkammergut (links). Der Ort wurde durch seine ausgedehnten Gräberfelder früheisenzeitlicher Objekte zum Namensgeber einer frühgeschichtlichen Kultur. Der Ort liegt idyllisch am Hallstätter See (großes Bild). Teils sind die Häuser sogar mit Pfählen in den See gebaut.

HALLSTATT-DACHSTEIN UND SALZKAMMERGUT DACHSTEIN

Im Inneren Salzkammergut spiegelt sich einerseits die vielfältige Landschaft der Alpen auf sehr engem Raum wider, andererseits reicht die kulturelle Bedeutung von Hallstatt und seiner Salinenwirtschaft weit in die Vergangenheit zurück.

2995 Meter ist der Dachstein hoch. Das gewaltige Massiv (großes Bild) markiert das Dreiländereck zwischen Steiermark, Salzburg und Oberösterreich. An seiner Nordseite, Richtung Hallstätter See, birgt es ein altes Salzbergwerk. Im Süden bricht es mit einer imposanten Felswand hin ab. Links unten: Der Gasselsee vor dem Hintergrund der Dachstein-Südwand.

KULTURLANDSCHAFT WACHAU

Die Wachau ist ein enges Durchbruchstal der Donau zwischen dem Benediktinerstift Melk und der Stadt Krems. Hier vereinen sich Natur und Kultur mit Fluss und Hügeln, Wein- und Obstgärten, mittelalterlichen Dörfern und Städtchen, Burgen und Klöstern zu einer Kulturlandschaft, die fast südliches Ambiente verströmt.

Jahr der Ernennung: 2000

Die steile Engtalstrecke der Wachau wird im Westen von der grandiosen barocken Klosterresidenz Melk eröffnet, die mit ihrer mächtigen Doppelturm-Kuppelkirche das »Diadem« dieser Landschaft bildet. Zwischen Obstbauern- und Winzerdörfern reihen sich am Fluss zahlreiche Burgen und Burgruinen, Schlösser und Kirchen aneinander. Hier liegt auch die kleine Ortschaft Willendorf, die durch einen der wohl bedeutendsten Funde aus der Altsteinzeit, die sogenannte »Venus von Willendorf«, bekannt geworden ist.

Über die bekannten Weinorte Spitz und Weißenkirchen gelangt man nach Dürnstein, wo man das Steilufer mit dem Stift unterhalb der Burgruine erklimmt. Der schlanke Spätbarockturm

des Stifts zählt zu den elegantesten seiner Art. Nach Dürnstein öffnet sich die Talenge und gibt den Blick frei bis nach Krems, der mittelalterlichen Stadt mit den gotischen Bauten der Gozzo-Burg, der Dominikanerkirche und der Piaristenkirche. Der von einer Anhöhe feierlich herabgrüßende Gebäudekomplex des Stifts Göttweig bildet den Abschluss der Wachau.

Durch die Jahrhunderte verfiel die Burg Aggenstein zur Ruine und erst im 19. Jahrhundert wurde sie als Ausflugsziel wiederentdeckt (großes Bild). Lieblich eingebettet zwischen Reben und Donau liegt der Winzerort Weißenkirchen (ganz unten links); »Österreichs Montecassino«, wie Stift Göttweig bisweilen genannt wird, wurde 1083 gegründet (links).

Als Höhepunkt barocker Architektur und als ein Inbegriff klösterlicher Prachtentfaltung nach den Bauern-, Böhmen- und Türkenkriege gilt das Benediktinerstift Melk, das am Westeingang zur Wachau so majestätisch über die Donau wacht.

Seine herausragende Stellung verdankt das Stift seinem imposanten Äußeren, aber vielmehr noch der über 900-jährigen Geschichte. Besucher bestaunen in der prachtvoll ausgestatteten Stiftsanlage den Marmorsaal (großes Bild), die Bibliothek und natürlich die Stiftskirche (links). Das Treppenhaus (unten rechts) eröffnet einen spektakulären Blick.

HISTORISCHES ZENTRUM VON WIEN

Historische Bauten vor allem aus der Gründerzeit mussten in vielen anderen Metropolen Europas weitgehend einer großflächigen Überbauung weichen – allerdings nicht so in Wien, wo diese Architektur bis heute größtenteils unversehrt erhalten geblieben ist.

Jahr der Ernennung: 2001

Wiens historisches Zentrum spiegelt mit seiner Vielzahl herausragender Bauten und Denkmäler drei Epochen der kulturellen und politischen Entwicklung in Europa wider: Mittelalter, Barock und Gründerzeit. Zum Bereich des Weltkulturerbes zählen auch die den Stadtkern umschließende Ringstraße mit ihren Pracht- und Repräsentationsbauten aus dem späten 19. Jahrhundert und eine sogenannte »Pufferzone« im Vorstadtbereich.
Als Residenzstadt der Habsburger und als Hauptstadt der österreichisch-ungarischen Doppelmonarchie war die Donaumetropole über Jahrhunderte hinweg ein politisches, geistiges und kulturelles Zentrum – sei es in Literatur, Theater, bildender Kunst, Musik oder Psychoanalyse. Noch bei Aus-

bruch des Ersten Weltkriegs hatte Wien mehr Einwohner als heute und war eine der größten Städte der Welt. Die imperiale Anlage der einstigen Vielvölkermetropole spiegelt sich auch in den unzähligen Baudenkmälern und Kunstschätzen wider. Erwähnt seien hier unter vielen anderen der Stephansdom, die Hofburg, das Kunsthistorische Museum, der Josephsplatz mit der Nationalbibliothek, die Augustinerkirche mit der Kapuzinergruft, die Spanische Reitschule, die Karlskirche, die Secession, die Staatsoper, das Burgtheater oder Schloss Belvedere. Und natürlich gehört zu Wien auch das Kaffeehaus, das seit der Belagerung durch die Türken 1683 eine aus der Stadt nicht mehr wegzudenkende Institution geworden ist.

Der über der Stadt aufragende Stephansdom ist eines der bedeutendsten Bauwerke der Gotik in Österreich (großes Bild; im Vordergrund die gewaltige Kuppel der Peterskirche). Der Hochaltar aus schwarzem Marmor wurde 1640 bis 1660 von den Brüdern Tobias und Johann Jakob Pock hingegen im Stil des Frühbarocks geschaffen (link, unten links).

HISTORISCHES ZENTRUM VON WIEN STEPHANSDOM

Der Stephansdom, von den Einheimischen liebevoll »Steffl« genannt, blickt auf eine gut 750 Jahre alte Geschichte zurück und gilt als ein Wunderwerk der Steinmetzkunst, bestehend aus 20000 Kubikmetern Sandstein.

Das Wahrzeichen Wiens ist der die Altstadt weit überragende Stephansdom (links), dessen Dach mit 230 000 in farbigen Zickzackmustern angeordneten Ziegeln gedeckt ist (unten links). Durch das reich ausgestattete Mittelschiff fällt der Blick auf den barocken Hochaltar von Tobias und Johann Jakob Pock, der die Steinigung des heiligen Stephan zeigt (großes Bild).

HISTORISCHES ZENTRUM VON WIEN HOFBURG

Die Wiener Hofburg war einst die Stadtresidenz der Habsburgerkaiser. Sie wurde über die Jahrhunderte hinweg kontinuierlich um diverse Trakte und Flügel erweitert, wobei Barock und Renaissance den äußeren Eindruck bestimmen. Der um 1890 errichtete Michaelertrakt (großes Bild) ist ebenso Bestandteil des weitläufigen Ensembles wie die barocke Nationalbibiothek mit dem Prunksaal.

Vom Michaelerplatz vermittelt die Hofburg einen majestätischen und homogenen Eindruck (großes Bild). Unten links: An der Spanischen Hofreitschule wird seit über 430 Jahren die Hohe Schule der klassischen Reitkunst gelehrt. Bilder links: In der Hofburg ist auch die Österreichische Nationalbibliothek untergebracht; ganz links: Prunksaal mit Coronelli-Globus.

JOHANN BERNHARD FISCHER VON ERLACH

Baumeister und Raumkünstler des österreichischen Barock

Als Sohn eines Bildhauers wurde Fischer von Erlach (1656–1723) zunächst die Bildhauerkunst in die Wiege gelegt. Nach einem Italienaufenthalt – wo er in Rom den Bildhauer und Baumeister Gian Lorenzo Bernini kennenlernte – wandte er sich der Architektur zu und sollte schließlich einer der herausragenden Architekten des österreichischen Barock werden. Er zeichnete für den Originalentwurf von Schloss Schönbrunn verantwortlich – wovon jedoch nach diversen Umbauten kaum etwas übrig blieb – und er war an der Errichtung einiger Kirchen in Salzburg (Dreifaltigkeits-, Ursulinen-, Kollegien-, Johannesspitalkirche) sowie verschiedener Stadtpalais in Wien (Strattmann, Batthyány, Trautson,

Fischer von Erlach (Kupferstich von Johann Adam Deisenbach, 1719, später koloriert)

Schwarzenberg, Winterpalais von Prinz Eugen) beteiligt. Der Prunksaal der Nationalbibliothek in der Hofburg, ein Juwel barocker Raumkunst, geht ebenfalls auf ihn zurück.

Als Fischers Hauptwerk gilt die Karlskirche in Wien (1716–1737). Der Kuppelbau offenbart in seinen streng durchkomponierten Formen und den Anleihen bei Antike, römischem Barock und Barock-Klassizismus eine neue Spielart des Barock, die sich von den beschwingten Formen seines Zeitgenossen Lukas von Hildebrandt deutlich abhebt und in ihren monumentalen Linien zum Symbol der Machtentfaltung der Habsburger wurde.

Der Prunksaal der Nationalbibliothek in der Hofburg ist eine Gemeinschaftsproduktion von Vater und Sohn Fischer von Erlach. Johann Bernhard plante den Bau, nach dessen Tod 1723 vollendete ihn Joseph Emanuel. Die Fresken stammen von Daniel Gran. Der 80 Meter lange und 20 Meter hohe Raum ist die größte Barockbibliothek Europas und beherbergt allein mehr als 200 000 Bände sowie eine historische Globensammlung.

HISTORISCHES ZENTRUM VON WIEN
KARLSPLATZ UND KARLSKIRCHE

Am Karlsplatz drängen sich gleich mehrere Kulturbauten von Rang. Neben Musikverein, Künstlerhaus, Secession und Wien Museum sind dies die von Otto Wagner errichteten Jugendstilpavillons der Wiener Stadtbahn sowie die von Fischer von Erlach entworfene Karlskirche, einer der bedeutendsten Barockbauten Wiens mit Kuppel, Triumphsäulen und Seitentürmen (unten).

Links: Der Geist des Barock entfaltet sich in der Karlskirche in einer Fülle von Rundungen, Ornamenten und Fresken. Den räumlichen Höhepunkt bilden im Inneren das Kuppelfresko. Als Otto Wagner um 1900 die Wiener Stadtbahn schuf, konzipierte er für den Karlsplatz zwei zierliche Jugendstilpavillons als Stationsgebäude.

HISTORISCHES ZENTRUM VON WIEN RINGSTRASSE

Was wäre Wien ohne Oper und Theater? Entlang des Rings konzentrieren sich die Weihestätten der Wiener Hochkultur. Die Staatsoper (großes Bild) ist eines der berühmtesten Opernhäuser der Welt, aus ihrem Orchester rekrutieren sich die Wiener Philharmoniker. Das Kunsthistorische Museum (rechts) bietet Kunstwerke aus sieben Jahrtausenden und ist, nicht nur von außen, auch selbst ein Kunstwerk.

Zu den weiteren Repräsentationsbauten am Ring zählen das Parlamentsgebäude mit Pallas-Athene-Brunnen samt Allegorien von Legislative und Exekutive (kleines Bild unten).

HISTORISCHES ZENTRUM VON WIEN BELVEDERE

Schloss Belvedere ist eine aus zwei Palästen, dem Oberen und dem Unteren Belvedere, bestehende barocke Sommerresidenz, die Prinz Eugen von Savoyen ab 1714 von Lukas von Hildebrandt errichten ließ. In den reich stuckatierten, teils mit großartigen Fresken versehenen Räumlichkeiten residiert heute die Österreichische Galerie Belvedere, die auch eine umfangreiche Klimt-Sammlung beherbergt.

Der Blick von Süden über den Teich verstärkt den grandiosen Eindruck, den das Obere Belvedere beim Betrachter hinterlässt (unten). Nicht weniger prächtig ist das Innenambiente des Schlosses. Seit die hier beheimateten Kunstsammlungen neu gruppiert wurden, sind die Besucherzahlen stark gestiegen. Links: die Sala Terrena und der Ballsaal des Oberen Belvedere.

Schloss Schönbrunn, die einstige Sommerresidenz, verdeutlicht allein schon durch seine gigantischen Dimensionen den umfassenden Herrschaftsanspruch der Habsburger.

Jahr der Ernennung: 1996

Kaiser Karl VI. übertrug die Planung Schönbrunns dem Architekten Johann Bernhard Fischer von Erlach, der eine gigantische Anlage bauen wollte, die selbst Versailles noch weit übertroffen hätte. Kaiserin Maria Theresia ließ das unvollendete Bauwerk dann ab 1744 zu ihrer Residenz umbauen und durch Nikolaus Pacassi im spätklassizistischen Stil fertigstellen. Diese Umbauten ließen von Fischers ursprünglichem Bau nur wenig übrig. Schon 1737 wurde das hinter der reich mit Statuen besetzten Balustrade versteckte Flachdach durch die heutigen Dächer ersetzt. Nach 1744 entstanden der Dachaufsatz über dem Mittelrisalit, die Balkone und seitlichen Treppen. Fischers zentraler Kuppelbau wurde dabei zerstört; von der Innenausstattung ist nur noch die »Blaue Stiege« erhalten geblieben. Die aufwendige Gestaltung der Innenräume oblag Johann Hetzendorf, der auch den bereits 1695 von Jean Trehet angelegten Park weiter aus- und umbaute. Die Hofkapelle, Repräsentations- und Privaträume, Spiegelgalerien und Kabinette zeigen feinste Dekorationskunst des Spätrokoko.

Die Gloriette, ein frühklassizistischer Kolonnadenbau, thront auf einer Anhöhe über dem Schönbrunner Schlosspark (links), der von zahlreichen barocken Statuen gesäumt wird. Vom Ehrenhof an der Nordseite des Haupttraktes lässt sich die beeindruckende Größe des »österreichischen Versailles« gut erfassen (unten).

KULTURLANDSCHAFT NEUSIEDLER SEE

Die Region um den Neusiedler See im österreichisch-ungarischen Grenzgebiet ist ein einzigartiges Biosphärenreservat und zugleich altes Kulturland.

Jahr der Ernennung: 2001

Der Neusiedler See, zu drei Vierteln zu Österreich gehörig, zu einem Viertel zu Ungarn, lag als Teil der Handelsroute zwischen Adria und Ostsee seit alters her im Schnittpunkt der Kulturen. Davon zeugen archäologische Denkmäler, antike Heiligtümer, Weinberge und Schlösser. Durch Abholzung, Entwässerung, Jagd und Beweidung ist eine Kulturlandschaft geschaffen worden, in der wirtschaftliche Nutzung und Erhaltung natürlicher Lebensräume miteinander in Einklang stehen. Der leicht salzhaltige Steppensee an den Ausläufern der Kleinen Ungarischen Tiefebene wird rundum von einem stellenweise bis zu drei Kilometer breiten Schilfgürtel und von Salzwiesen umgeben. Er weist eine höchst artenreiche Flora auf. Das trotz seiner geringen Tiefe fischreiche Gewässer ist Lebensraum von seltenen Vogelarten und dient als Rastplatz für Zugvögel. Seit 2001 bilden die beiden Nationalparks Neusiedler See/Seewinkel auf österreichischer und Fertö-Hanság auf ungarischer Seite, einige österreichische Gemeinden und das ungarische Schloss Fertöd ein grenzüberschreitendes Welterbe.

Im Schutz dichter Schilfgürtel verbergen sich diese Hütten an der Ruster Bucht (großes Bild). Zahlreiche Pflanzen und Tiere haben hier ihren Lebensraum: der Feldhase, die östliche Smaragdeidechse (Lacerta viridis) und die Waldohreule (Asio otus) (von links). Unten von links: der kleine Rotschenkel fühlt sich hier genauso wohl wie die Uferschnepfe.

Die Semmeringbahn ist eine Meisterleistung aus der Pionierzeit des Eisenbahnbaus. Sie war weltweit die erste Eisenbahnstrecke, die über einen Gebirgspass führte, und wurde schon zur Zeit ihrer Fertigstellung als harmonische Synthese von Technologie und Natur verstanden, die ein einzigartiges Reiseerlebnis bot.

Jahr der Ernennung: 1998

Der östlichste und niedrigste der großen Alpenpässe ist der Semmering zwischen Steiermark und Niederösterreich. Nachdem man im Mai 1842 bereits die erste Eisenbahnlinie zwischen Wien und Gloggnitz eingeweiht hatte, wurde per kaiserlicher Verfügung eine Anschlussstrecke über den Semmering bis Mürzzuschlag angeordnet. Carl Ritter von Ghega plante die Bahnstrecke, mit deren Bau man 1848 begann. Da der Baumeister Konstruktionen aus Stahl und Eisen ablehnte, wurde die gesamte Gleisführung auf rund 65 Millionen Ziegeln und Steinquadern errichtet. Auf dem Höhepunkt der Bauarbeiten waren täglich bis zu 20 000 Menschen beschäftigt. Nach ersten Probefahrten wurde der planmäßige Betrieb über den Semmering

am 17. Juli 1854 feierlich eröffnet. Von da an dampften Züge mit Hunderten von Touristen mit einer Geschwindigkeit von sechs Stundenkilometern über den Pass. Die landschaftlich reizvollen Ausflüge über den Semmering wurden bei den Wienern zu einem beliebten Zeitvertreib.
Die Strecke hat eine Länge von 41,8 Kilometern. Dabei wird zwischen Gloggnitz und Semmering ein Höhenunterschied von 457 Metern, zwischen Semmering und Mürzzuschlag von 216 Metern überwunden. Den höchsten Punkt bei 898 Meter Seehöhe erreicht der Streckenverlauf im 1430 Meter langen Haupttunnel. Die 15 Tunnels haben eine Gesamtlänge von 5420 Metern, die 16 Viadukte insgesamt von 1502 Metern.

Nach dem Zweiten Weltkrieg musste lediglich der alte Haupttunnel der Semmeringbahn durch einen neuen ersetzt werden. Täglich fahren heute noch immer etwa 180 Züge über die historischen Viadukte (alle Bilder).

ALTSTADT VON GRAZ UND SCHLOSS EGGENBERG

Der historische Kern der steirischen Hauptstadt wurde durch die Präsenz der Habsburger geprägt. Lokale Traditionen vereinen sich hier mit Einflüssen aus den Nachbarregionen.

Jahr der Ernennung: 1999

Graz, die zweitgrößte Stadt Österreichs, hat eine der am besten erhaltenen historischen Altstädte Mitteleuropas. Auf dem 473 Meter hohen Schlossberg hatten Slowenen um das Jahr 800 eine Burg errichtet. An eine hier später erbaute Renaissancefestung, die Napoleon zerstören ließ, erinnert heute nur noch der Uhrturm von 1561 (die Uhr stammt von 1712).

Am Südostfuß des Schlossbergs erstreckt sich die Grazer Altstadt mit ihren roten Ziegeldächern. Bauten aus verschiedenen Jahrhunderten prägen diesen Stadtteil: Der gotische Dom St. Ägidius und die Kaiserburg mit ihrer herrlichen spätgotischen Doppelwendeltreppe gehen auf das 15. Jahrhundert zurück. Das Landhaus mit dem prächtigen Arkadenhof, 1557 bis 1567 von Domenico dell'Aglio für die steirischen Stände als Versammlungshaus erbaut und heute der Sitz des steirischen Landtags, ist einer der bedeutendsten Renaissancebauten außerhalb Italiens. Das Landeszeughaus, von Antonio Solar, 1643/44 als Waffendepot gegen die Türkeneinfälle errichtet, besitzt mit seinem noch kompletten Waffenarsenal die weltweit

größte Sammlung dieser Art. Die Universität der steirischen Hauptstadt wurde im Jahre 1586 gegründet. Von ihr nahm einst die Gegenreformation in Österreich ihren Ausgang. Heute hat die Grazer Universität die einzige Fakultät für Jazz in Europa.
Wie kaum ein anderer Ort in Österreich birgt die Altstadt von Graz eine Vielfalt von Baustilen und -werken, die über Jahrhunderte hinweg das Bild der Stadt bestimmt und ihm seinen heutigen Glanz verliehen haben.

Mit herrlichen Fresken ist das Gemalte Haus – auch Herzogshof genannt – in der Herrengasse versehen (großes Bild). Westlich der Landeshauptstadt Graz liegt, inmitten einer historischen Gartenanlage, das Schloss Eggenberg (links).

FELSZEICHNUNGEN IM VAL CAMONICA

Das Tal des Oglio ist eine Fundstätte von Felszeichnungen aus der Alt- und Jungsteinzeit und vor allem aus der Bronzezeit sowie der frühen Eisenzeit. Bemerkenswert ist die Vielfalt der von den Künstlern behandelten Themen.

Jahr der Ernennung: 1979

Beim Städtchen Capo di Ponte im Bergtal Val Camonica in der Provinz Brescia befindet sich die größte Fundstätte prähistorischer Felsgravuren Europas. Auf etwa 1000 Steinplatten sind mehr als 200 000 Einzelgravuren aus vorgeschichtlicher Zeit erhalten geblieben. Die ältesten Darstellungen werden auf die Zeit um 6000 v. Chr. datiert. Die großflächigen Kompositionen am Naquane-Hügel stellen vor allem Motive des alltäglichen Lebens dar, also Krieger, Bauern, Jagd- und Haustiere, Waffen sowie Ackergeräte. In einem kultischen Gesamtzusammenhang können die geometrischen Muster und abstrakten Formen gesehen werden, die den Raum zwischen den einzelnen Gravuren ausfüllen. Erstellt wurden die Felsritzungen mit

Kieseln und Eisenspitzen. Vermutlich gehörten die unbekannten Künstler einem alpinen Volk an, den Camunern, dessen Siedlungsspuren bis weit in das 4. Jahrtausend v. Chr. zurückreichen. Im Parco Nazionale delle Incisioni Rupestri di Naquane bei Capo di Ponte, einem archäologischen Park, kann man einige der Fundstücke aus der Eisenzeit betrachten.

Eine Fülle an frühgeschichtlichen Felsmalereien gibt es im Val Camonica zu bewundern. Zum Repertoire gehören Tier- und Menschenmotive ebenso wie abstrakte Darstellungen. Links: auf eine Felsplatte geritzte Landkarte. Großes Bild unten: Jagdszenen aus der Eisenzeit. Bildleiste rechts: Jagdszenen und Krieger.

Die zu den Ostalpen gehörenden Dolomiten, mit vielen mehr als 3000 Meter hohen Gipfeln, gliedern sich in Grödner, Fassaner, Ampezzaner und Sextener Dolomiten; das östliche Randgebiet heißt Cadore. Ausgezeichnet wurde das Gebirge wegen seiner geologischen, botanischen und landschaftlichen Besonderheiten, wozu auch eine vielfältige Flora mit über 2400 Pflanzenarten gehört.

Jahr der Ernennung: 2009

Die Dolomiten erstrecken sich über eine Fläche von knapp 142 000 Hektar. Mit 3343 Metern ist die Marmolada ihr höchster Gipfel. Für schroffen Charme sind gleichwohl auch die Drei Zinnen (2999 Meter) oder die Rosengartengruppe bekannt, deren höchste Erhebung, der Kesselkogel, 3004 Meter hoch ist. Die Dolomiten sind eine Region der Gegensätze: Satte Almwiesen wechseln sich mit zerklüfteten Felsspitzen und Flächen voller Erosionsschutt ab. Verantwortlich dafür sind die unterschiedlichen Entstehungsgeschichten der einzelnen Teillandschaften, die unter anderem durch versteinerte und emporgehobene Korallenriffe sowie Gestein vulkanischen Ursprungs dokumentiert werden. Von Gletschern geprägte

Oberflächen sind in den Dolomiten ebenso zu finden wie die für Kalk typischen Karstformationen. Damit sind die Dolomiten das herausragende Beispiel einer Landschaft, an der – auch anhand von Fossilien – wesentliche Stufen der Erdgeschichte abgelesen werden können. Dieser Prozess ist jedoch nicht stehen geblieben und die Dynamik zeigt sich an Hochwassern, Erdrutschen, Felsstürzen und Lawinen, die die Oberfläche immer wieder neu gestalten.

Großes Bild: Das Val Fiorentina mit dem Monte Pelmo; kleines Bild unten: aufgrund ihrer geologischen Beschaffenheit weisen die Felsen diese charakteristische Form auf. Links: das Brentamassiv mit der Felsnadel Guglia di Brenta.

Bereits lange vorher besiedelt, gründeten die Römer hier im Jahre 89 v. Chr. eine Kolonie, die sich bald zur Großstadt entwickelte. Der Schachbrettgrundriss innerhalb der Flussschleife des Adige (Etsch) strukturiert bis heute die Altstadt, deren berühmtestes Bauwerk die Arena mit ihren Opernaufführungen ist.

Jahr der Ernennung: 2000

Imposante Monumente wie das riesige Amphitheater (Arena di Verona) oder die Porta dei Borsari bezeugen den antiken Ursprung Veronas. Auch das Hochmittelalter hat seine Spuren in Form von großartigen Bauten hinterlassen. Allen voran ist hier die romanische Klosterbasilika San Zeno mit den berühmten Portalskulpturen zu nennen.

Seine endgültige Ausdehnung und Gestalt erhielt Verona dann im 13. und 14. Jahrhundert unter der Herrschaft der Scaliger, deren Macht und Glanz die aufwendigen gotischen Grabmonumente und der hoch ummauerte Castelvecchio mit der zinnenbewehrten Brücke dokumentieren. Während der Gotik kam es zum Umbau des Doms und des großräumigen Baukör-

pers der Anastasiakirche. Nach dem Anschluss an Venedig erlebte die Stadt einen erneuten Aufschwung, der seinen Höhepunkt in den umfassenden Baumaßnahmen des Veroneser Renaissancearchitekten Sanmicheli (1484 bis 1559) fand. Auf ihn gehen die Stadttore Veronas, darunter die Porta Nuova, sowie stilbildende Palazzi (Bevilacqua, Pompeji) zurück.

Den Opern von Verdi, die unter freiem Himmel aufgeführt werden, verdankt die Arena di Verona ihre Berühmtheit (links unten); die steinerne Ponte Pietra (großes Bild); Blick über die Stadt und die Etsch, die in Südtirol entspringt und nach fast 420 Kilometern Länge in die Adria mündet (links).

Die Modellsiedlung aus dreigeschossigen Häusern in der Provinz Bergamo gilt als frühes Beispiel sozialen unternehmerischen Engagements. Sie wurde von dem Textilfabrikanten Crespi für die Arbeiter seiner Baumwollspinnerei und deren Familien gebaut.

Jahr der Ernennung: 1995

Crespi d'Adda ist eine typische Arbeiterwohnsiedlung, wie sie von aufgeklärten Industriellen für ihre Arbeiter ab der zweiten Hälfte des 19. Jahrhunderts erbaut wurden. Die Crespi hatten hier 1878 auf der grünen Wiese unweit des Flusses Adda, wo Wasser verfügbar war, eine Fabrik samt Infrastruktur errichten lassen. Die Siedlung wird durch eine schnurgerade Straße gegliedert: Rechts davon befindet sich die Fabrik (in der in den 1920er-Jahren noch mehr als 3000 Arbeiter ihr Auskommen fanden), links davon die Wohnstraßen mit den einheitlich gestalteten, von Gärten umgebenen Ein- und Mehrfamilienhäusern der Arbeiter. Zu dem selbstständigen Dorf gehörten eine Schule, Krankenstation, Waschhaus

und Kirche. Der noch heute bewohnte Ort blieb weitgehend in seiner ursprünglichen Form erhalten.

Die Crespi-Fabrik ist mit Terrakotta Dekor verziert (ganz links). Sehr einladend wirkt das Haupttor mit den Direktionsgebäuden (links). Die Kirche ist eine Nachbildung des Renaissancegotteshauses von Busto Arsizio (unten).

Die Kaiserthermen in Trier sind die Relikte eines um das Jahr 300 errichteten römischen Bads. Wegen der Verlegung des Amtssitzes von Kaiser Konstantin von Trier nach Konstantinopel war der Badebetrieb allerdings nie aufgenommen worden.

KARTENÜBERSICHT

DIE NATUR- UND KULTURERBESTÄTTEN

Die erste Zahl bezeichnet die Seite im Atlasteil, die Kombination aus Ziffer und Buchstaben das Suchfeld.

DEUTSCHLAND

Wattenmeer **204 Lh37, Lj36, Lj37**
Hansestadt Lübeck **205 Ll37**
Rathaus und Roland in Bremen **204 Lj37**
Altstädte Stralsund, Wismar **205 Lo36 und Lm37**
Buchenurwälder der Karpaten und alte Buchenwälder in Deutschland **204 Lk39, 205 Lo36, Ln37, Lo37, Ll39**
Dom und Michaeliskirche in Hildesheim **204 Lk38**
Fagus-Werk in Alfeld **204 Lk39**
Altstadt von Goslar **205 Ll39**
Bergwerk Rammelsberg **205 Ll39**
Quedlinburg **205 Lm39**
Bauhausstätten in Dessau und Weimar **205 Ln39, Lm40**
Gartenreich Dessau-Wörlitz **205 Ln39**

ATLAS

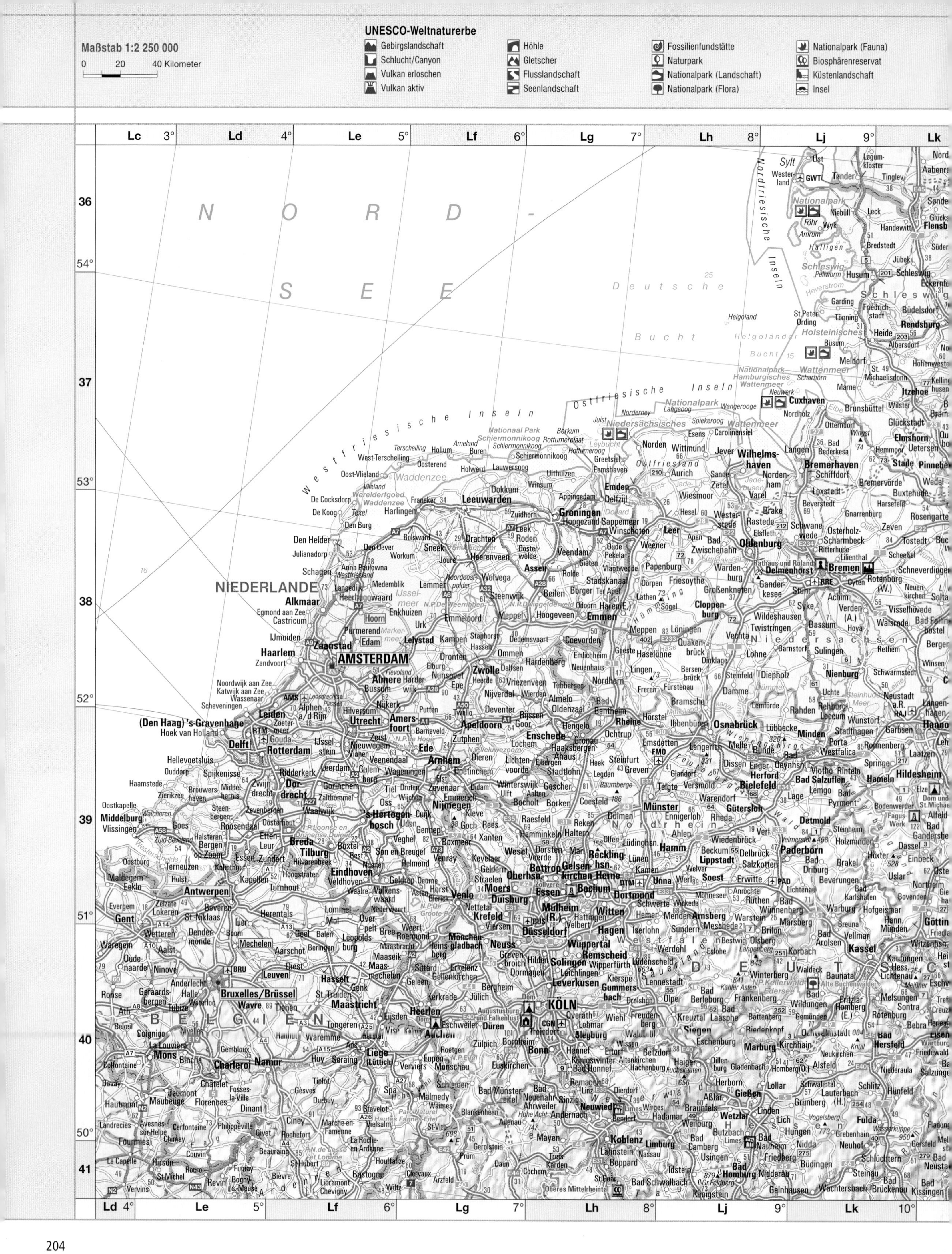

Maßstab 1:2 250 000
0 20 40 Kilometer
UNESCO-Weltnaturerbe
Gebirgslandschaft
Schlucht/Canyon
Vulkan erloschen
Vulkan aktiv
Höhle
Gletscher
Flusslandschaft
Seenlandschaft
Fossilienfundstätte
Naturpark
Nationalpark (Landschaft)
Nationalpark (Flora)
Nationalpark (Fauna)
Biosphärenreservat
Küstenlandschaft
Insel
Lc 3° Ld 4° Le 5° Lf 6° Lg 7° Lh 8° Lj 9° Lk
36
37
38
39
40
41
54°
53°
52°
51°
50°
N O R D - S E E
Deutsche Bucht
Westfriesische Inseln
Ostfriesische Inseln
Nordfriesische Inseln
NIEDERLANDE
B E L G I E N
AMSTERDAM
KÖLN
Bruxelles/Brüssel
Rotterdam
Utrecht
Groningen
Leeuwarden
Bremen
Bremerhaven
Oldenburg
Osnabrück
Münster
Dortmund
Essen
Düsseldorf
Antwerpen
Liège (Lüttich)
Aachen
Bonn
Koblenz
Kassel
Ld 4° Le 5° Lf 6° Lg 7° Lh 8° Lj 9° Lk 10°

UNESCO-Weltkulturerbe
Vor- und Frühgeschichte
Prähistorische Felsbilder
Phönikische Kultur
Etruskische Kultur
Griechische Antike
Römische Antike
Wikinger
Christliche Kulturstätte
Islamische Kulturstätte
Kulturlandschaft
Historisches Stadtbild
Burg/Festung/Wehranlage
Palast/Schloss
Technisches/industr. Monument
Grabmal
Denkmal
Mahnmal
Museum
Theater
Eisenbahnen
10° Ll 11° Lm 12° Ln 13° Lo 14° Lp 15° Lq 16° Lr 17° Ls
35 55° 36 54° 37 53° 38 52° 39 51° 40
D Ä N E M A R K
O S T S E E
Bornholm (Dän.)
Mecklenburger Bucht
Pommersche Bucht
Mecklenburg-Vorpommern
Mecklenburgische Seenplatte
Pommerscher Höhenrücken
P O L E N
Großpolnisches Tiefland
Brandenburg
Sachsen-Anhalt
Altmark
Havelland
Sachsen
Thüringen
Thüringer Wald
Erzgebirge
T S C H E C H I E N
Rügen
Usedom
Kiel
Lübeck
Rostock
Wismar
Stralsund
Greifswald
Schwerin
Neubrandenburg
Świnoujście (Swinemünde)
(Stettin) Szczecin
Koszalin
Słupsk
BERLIN
Potsdam
Frankfurt (O.)
Gorzów Wielkopolski (Landsberg)
(Posen) Poznań
Wolfsburg
Braunschweig
Magdeburg
Dessau
Halle (S.)
Leipzig
Cottbus
Zielona Góra (Grünberg)
Dresden
Görlitz
Legnica (Liegnitz)
(Breslau) Wrocław
Erfurt
Weimar
Jena
Gera
Chemnitz
Zwickau
Plauen
Liberec (Reichenberg)
Wałbrzych (Waldenburg)
Ll 11° Lm 12° Ln 13° Lo 14° Lp 15° Lq 16° Lr 17° Ls

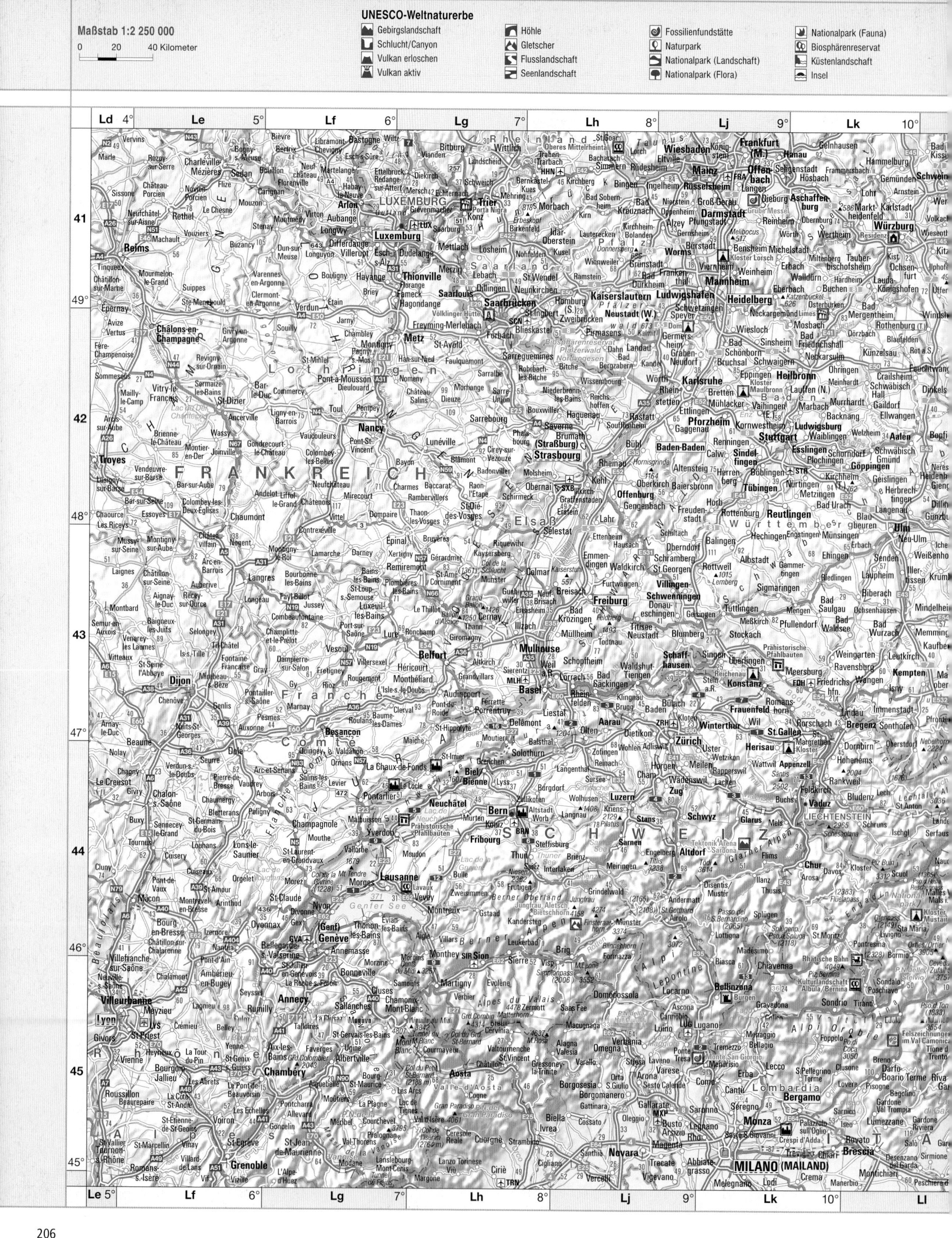

Maßstab 1:2 250 000
0 20 40 Kilometer
UNESCO-Weltnaturerbe
Gebirgslandschaft
Schlucht/Canyon
Vulkan erloschen
Vulkan aktiv
Höhle
Gletscher
Flusslandschaft
Seenlandschaft
Fossilienfundstätte
Naturpark
Nationalpark (Landschaft)
Nationalpark (Flora)
Nationalpark (Fauna)
Biosphärenreservat
Küstenlandschaft
Insel
Ld 4° Le 5° Lf 6° Lg 7° Lh 8° Lj 9° Lk 10°
41
42
43
44
45
49°
48°
47°
46°
45°
Le 5° Lf 6° Lg 7° Lh 8° Lj 9° Lk 10° Ll
FRANKREICH
SCHWEIZ
LUXEMBURG
LIECHTENSTEIN
Lothringen
Elsaß
Franche-Comté
Saarland
Württemberg
Baden
Lombardia
Luxemburg
Metz
Nancy
Strasbourg
Straßburg
Dijon
Besançon
Basel
Zürich
Bern
Genève
Genf
Lausanne
Lyon
Grenoble
Stuttgart
Frankfurt (M.)
Mannheim
Karlsruhe
Freiburg
MILANO (MAILAND)

UNESCO-Weltkulturerbe
Vor- und Frühgeschichte
Prähistorische Felsbilder
Phönikische Kultur
Etruskische Kultur
Griechische Antike
Römische Antike
Wikinger
Christliche Kulturstätte
Islamische Kulturstätte
Kulturlandschaft
Historisches Stadtbild
Burg/Festung/Wehranlage
Palast/Schloss
Technisches/industr. Monument
Grabmal
Denkmal
Mahnmal
Museum
Theater
Eisenbahnen
11° Lm 12° Ln 13° Lo 14° Lp 15° Lq 16° Lr 17° Ls
40
50°
41
49°
42
48°
43
47°
44
46°
45
T S C H E C H I E N
Ö S T E R R E I C H
UNGARN
SLOWENIEN
KROATIEN
Bayern
PRAHA (PRAG)
Plzeň (Pilsen)
České Budějovice (Budweis)
Brno (Brünn)
Hradec Králové (Königgrätz)
Nürnberg
Regensburg
MÜNCHEN
Bayreuth
Erlangen
Passau
Linz
WIEN
St.Pölten
Salzburg
Innsbruck
Graz
Klagenfurt
Maribor
Ljubljana
Zagreb
Trieste
Udine
Venezia (Venedig)
Padova
Treviso
Vicenza
Verona
Bolzano/Bozen
Trento
Eisenstadt
Sopron
Szombathely

Bildnachweis

A = Alamy
C = Corbis
G = Getty-Images
L = Bildagentur Laif
M = Mauritius Images

S. 1: G/Dennis Flaherty, S. 2/3: H.u.D. Zielske, S. 4/5: Look/Heinz Wohner, S. 6/7: Look/Zielske, S. 8/9: Look/Zielske, S. 10/11: M/Imagebroker, S. 12/13: Schapowalow/Huber, S. 14/15: Zielske, S. 16/17: look/Sabine Lubenow, S. 18 u.: G/Karl Johaentges, S. 18/19: G/Sabine Lubenow, S. 19 o.: G/Karl Johaentges, S. 20/21: look/Sabine Lubenow, S. 21 o.: Visum/Aufeind-Luftbilder, S. 21 r.: G/Look, S. 22 o. l.: Look/Zielske, S. 22 o. r.: L/Joerg Modrow, S. 22/23. M/Imagebroker, S. 24 l.: L/Joerg Modrow, S. 24/25: akg, S. 26/27.: H.u.D. Zielske, S. 27 r.: H.u.D. Zielske, S. 28/29: Look/Brigitte Maerz, S. 29 o.: Look/Hauke Dressler, S. 29 r. o.: look/Tina u. Horst Herzig, S. 29 r. u.: look/Tina u. Horst Herzig, S. 30 o.: Look/Heinz Wohner, S. 30/31: Look/Age , S. 31 o.: Look/Age , S. 31 r.: M/Imagebroker, S. 32 l.: H.u.D. Zielske, S. 32/33: M/Imagebroker, S. 33 o.: M/Imagebroker, S. 34/35: M/Imagebroker, S. 35 o.: Look/Zielske, S. 36/37: M/A, S. 37 o.: M/A, S. 38/39: look/Karl Johaentges, S. 39 o.: Look/The Travel Library, S. 39 r.: M/A, S. 40 o.: look/Karl Johaentges, S. 40/41: M/Imagebroker, S. 41 o. l.: look/Karl Johaentges, S. 41 o. r.: look/Karl Johaentges, S. 42 l.: Look/Zielske, S. 42/43: H.u.D. Zielske, S. 43 o.: M, S. 44/45: M/Imagebroker, S. 45 o.: Look/Zielske, S. 45 l.: M/Age, S. 45 r.: M/A, S. 46 l.: C/Oscar White, S. 46/47: C/Angelo Hornak, S. 48 u. l.: H.u.D. Zielske, S. 48 u. r.: H.u.D. Zielske, S. 48/49: G/Stock 4B, S. 49 o.: Look/Zielske, S. 50/51: G/Panoramic Images, S. 51 o.: G/Jorg Greuel, S. 51 r. u.: C/PictureNet, S. 52 l.: akg, S. 52/53: Schapowalow/Menges, S. 53 o.: akg, S. 54 o.: G/Panoramic Images, S. 54/55: C/DK Limited, S. 55 o. l.: C/PictureNet, S. 55 o. r.: M/Age, S. 56 u.: Look/Zielske, S. 56/57: look/Boettcher, S. 57 o. l.: look/Boettcher, S. 57 o. r.: H.u.D. Zielske, S. 58 l.: Look/Juergen Stumpe, S. 58/59: G/Flickr, S. 60 l.: akg, S. 60 r.: look/Karl Johaentges, S. 61: M/Imagebroker, S. 62 o.: C/Atlantide Phototravel, S. 62 u. l.: C/Wallis, S. 62 u. r.: M/A, S. 62/63: M/A, S. 63 o. l.: M/Age, S. 63 o. r.: M/Age, S. 64/65: G/Bloomberg, S. 65 o. l.: M, S. 65 o. r.: M/Imagebroker, S. 65 u.: G/Raimund Koch, S. 66 o.: G/Andreas Rentz, S. 66/67: C/View Pictures LTD, S. 67 o. l.: C/Fabrizio Bensch, S. 67 o. M.: C/Fabrizio Bensch, S. 67 o. r.: G Sean Gallup, S. 67 r.: G/Andreas Rentz, S. 68 l.: M/Imagebroker, S. 68/69: M/Imagebroker, S. 69 o.: M/Imagebroker, S. 69 r. o.: M/A, S. 69 r. u.: M/Imagebroker, S. 70/71: Look/Zielske, S. 71 o. l.: Look/Age , S. 71 o. r.: M/Imagebroker, S. 71 r.: M, S. 72 l.: L/Joerg Modrow, S. 72/73: M/A, S. 74/75: Look/Zielske, S. 75 r. o.: M/Imagebroker, S. 75 r. M.: Look/Ralf Schultheiss, S. 75 r. u.: M/Imagebroker, S. 76/77: Look/Zielske, S. 77 r.: Look/Zielske, S. 78 l.: Look/Age , S. 78/79: Look/Zielske, S. 78 u. l.: Look/Terra Vista, S. 78 u. r.: Look/Zielske, S. 79 o.: Look/Zielske, S. 80 o.: Look/Zielske, S. 80/81: Look/Zielske, S. 81 o.: M/Imagebroker, S. 82 l.: H.u.D. Zielske, S. 82/83: H.u.D. Zielske, S. 84/95: M/Imagebroker, S. 85 o.: M/Imagebroker, S. 86 l.: L/www.dieterklein.de, S. 86/87: C/Svenja_Foto, S. 87 o.: G/Jorg Greuel, S. 88/89: M/A, S. 89 o. l.: G/AFP, S. 89 o. r.: M, S. 90/91: Look/Zielske, S. 91 o.: M, S. 92/93: H.u.D. Zielske, S. 93 o. l.: Look/Zielske, S. 93 o. r.: H.u.D. Zielske, S. 93 r.: H.u.D. Zielske, S. 94 l.: C/Ali Meyer, S. 94 r.: A/Angelo Hornak, S. 95 : Werner Otto, S. 95 o.: Werner Otto, S. 96 l. o.: Look/Terra Vista, S. 96 l. u.: H.u.D. Zielske, S. 96/97: H.u.D. Zielske, S. 97 o.: M/Imagebroker, S. 98/99: H.u.D. Zielske, S. 99 o.: Look/Brigitte Maerz, S. 100/101: H.u.D. Zielske, S. 101 o.: Look/Zielske, S. 101 r. o.: M, S. 101 r. u.: M/A, S. 102/103: H.u.D. Zielske, S. 103 o.: Look/Zielske, S. 103 r.: Look/Zielske, S. 104/105: M, S. 104 u.: Look/Engel und Gielen, S. 105 o.: M, S. 106/107 alle: C/Jonathan Blair, S. 108/109: Look/Zielske, S. 109 o. l.: M/A, S. 109 o. r.: M/A, S. 109 r.: M/A, S. 110/111: M, S. 111 o.: Visum/Andy Ridder, S. 111 r. o.: M, S. 111 r. u.: M, S. 112 u.: Look/Zielske, S. 112/113: Look/Zielske, S. 113 o.: look/Sabine Lubenow, S. 114/115: Look/Zielske, S. 115 o.: look/Tina u. Horst Herzig, S. 115 r.: Look/Terra Vista, S. 116/117: M, S. 117 o.: Look/Ingolf Pompe, S. 118/119: Look/Zielske, S. 119 o.: Look/Terra Vista, S. 120/121: M, S. 121 o.: M, S. 122/123: Look/Zielske, S. 123 o.: Look/Walter Schiesswohl, S. 123 r.: Look/Zielske, S. 124/125: Bieker, S. 125 o.: H.u.D. Zielske, S. 126 l.: akg, S. 126/127: H.u.D. Zielske, S. 126 o.: Romeis, S. 127 o. l.: Zielske, S. 127 o. M.: Wackenhut, S. 127 o. r.: Wackenhut, S. 128: Westend61/M, S. 128/129: Look/Zielske, S. 130 o. l.: Look/Thomas Peter Widmann, S. 130 o. r.: look/Andreas Strauss, S. 130/131: Look/Zielske, S. 132/133: Huber, S. 133 o.: Romeis, S. 134/135: Look/Terra Vista, S. 135 o.: M/Imagebroker, S. 135 r.: Look/Terra Vista, S. 136/137: G/Stuart Dee, S. 137 o.: Look/Ingolf Pompe, S. 137 r.: Look/Ingolf Pompe, S. 138/139: M/A, S. 139 o. l.: M/A, S. 139 o. r.: M/A, S. 140 l. o.: M/A, S. 140 l. u.: M, S. 140/141: M/A, S. 141 o.: M, S. 142/143: look/Andreas Strauss, S. 143 o.: C/Douglas Pearson, S. 144/145: Mediacolors, S. 145 o.: look/Andreas Strauss, S. 146/147: M/A, S. 146 u.: M/Imagebroker, S. 147 o.: M/Imagebroker, S. 148/149: look/Andreas Strauss, S. 149 o.: look/Andreas Strauss, S. 150/151: C/Nathan Benn, S. 151 u.: look/Andreas Strauss, S. 152 u.: M/Imagebroker, S. 152/153: A/Prisma, S. 154 l.: M, S. 154/155: M/A, S. 155 o.: M, S. 156/157: G/Panoramic Images, S. 157 o. l.: Look/Terra Vista, S. 157 o. r.: Look/Engel und Gielen, S. 158 l.: L/Hemis, S. 158/159: Look/Michael Zegers, S. 159 o. l.: Look/Age, S. 159 o. r.: Look/Age, S. 160 o.: Look/Juergen Richter, S. 160/161: M, S. 162/163: Look/Terra Vista, S. 163 o.: look/Andreas Strauss, S. 164/165: C/Demetrio Carrasco, S. 165 o.: M/Imagebroker, S. 166 o.: look/Andreas Strauss, S. 166/167: M, S. 168 u.: M, S. 168/169: M/Imagebroker, S. 169 o.: M/Imagebroker, S. 170/171: C/Jonarnoldimages, S. 171 o.: look/Andreas Strauss, S. 171 r.: look/Andreas Strauss, S. 172 o.: Bilder-Box.com, S. 172/173: C/Fridmar Damm, S. 173 o.: Mediacolors/VSL, S. 174 o.: C/Atlantide Phototravel, S. 174/175: Monheim/Hilbich, S. 175 o.: M, S. 176 u.: C/Atlantide Phototravel, S. 176/177: G/Photographers Choice/Guy Vanderelst, S. 177 o. l.: G/Sylvain Grandadam, S. 177 o. r.: C/Massimo Listri, S. 178 l.: akg, S. 178/179: Look/Ingolf Pompe, S. 180/181: M/Imagebroker, S. 181 o.: G/Visions of our Land, S. 182/183: M/Age, S. 183 o.: G/Murat Taner, S. 183 r.: M, S. 184/185: M, S. 185 o. l.: G/Imagno, S. 185 o. r.: M, S. 186/187: Huber, S. 187 o.: M, S. 188/189: Look/Terra Vista, S. 189 o. l.: M/Imagebroker, S. 189 o. M.: Look/Age , S. 189 o. r.: M/Imagebroker, S. 189 u. l.: M/A, S. 189 u. r.: M/A, S. 190 u.: M/Imagebroker, S. 190/191: M/Imagebroker, S. 191 o.: M, S. 192/193: L/Christensen, S. 193 o.: M/Imagebroker, S. 194/195: look/Andreas Strauss, S. 195 o.: look/Andreas Strauss, S. 195 r. o.: look/Andreas Strauss, S. 195 r. M.: look/Andreas Strauss, S. 195 r. u.: look/Andreas Strauss, S. 196 u.: G/Panoramic Images, S. 198 u.: G/Slow Images, S. 198/199: G/Guy Vanderelst, S. 199: G/Manchan, S. 200 l.: M/A, S. 200/201: M, S. 201 o. l.: M, S. 201 o. r.: M, S. 202/203: C/Felix Zaska

Impressum

Genehmigte Sonderausgabe für Verlagsgruppe Weltbild GmbH,
Steinerne Furt, 86167 Augsburg

Covermotive: Vorderseite: (groß) Bacharach am Rhein © Bildagentur Waldhäusl / Imagebroker / Lothar Steiner; o. l.: Dolomiten © Bildagentur Waldhäusl / Imagebroker / Winfried Schäfer; o. r.: Pallas Athene Brunnen bei Nacht, Wien © Bildagentur Waldhäusl / Carlile Jonathan
Rückseite: Altes Rathaus, Bamberg © Bildagentur Waldhäusl / Imagebroker / Martin Siepmann
Cover: Thomas Uhlig / www.coverdesign.net

ISBN: 978-3-8289-4704-7

Printed in Slovakia

Alle Fakten wurden nach bestem Wissen und Gewissen mit der größtmöglichen Sorgfalt recherchiert. Redaktion und Verlag können jedoch für die absolute Richtigkeit und Vollständigkeit der Angaben keine Gewähr leisten. Der Verlag ist für alle Hinweise und Verbesserungsvorschläge dankbar.

31